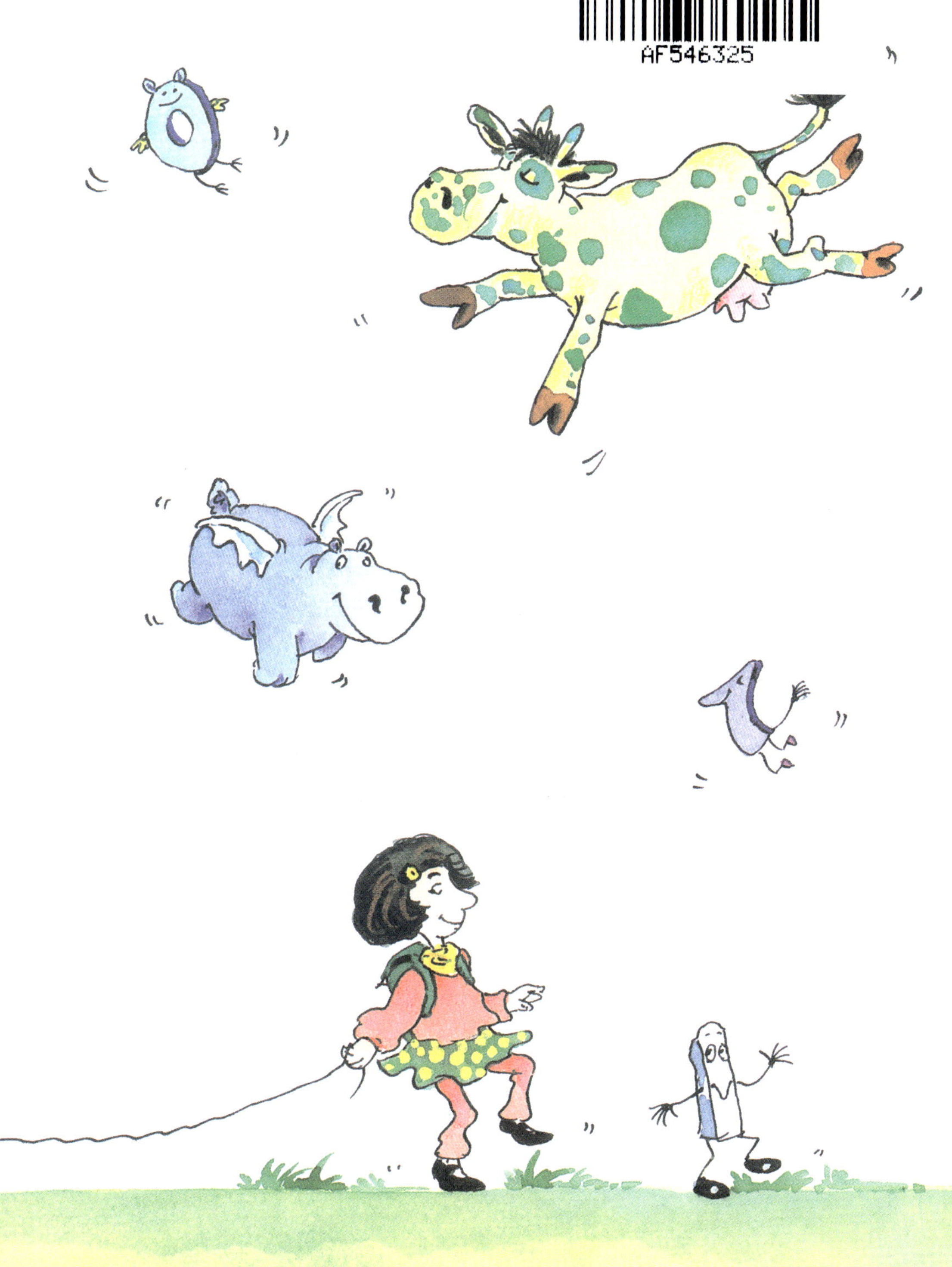

Cornelia Funke wurde 1958 in Dorsten, Nordrhein-Westfalen, geboren. Sie studierte Diplompädagogik und Illustration in Hamburg und arbeitete lange als freischaffende Kinderbuchillustratorin. Da ihr die Geschichten, die sie illustrierte, nicht immer gefielen, fing sie selbst an zu schreiben. Zu ihren größten Erfolgen zählen Reihen wie die *Gespensterjäger*, *Die Wilden Hühner* sowie die *Tintenwelt*-Trilogie. Mittlerweile ist Cornelia Funke die erfolgreichste und bekannteste deutschsprachige Kinder- und Jugendbuchautorin. Sie hat mehr als 50 Bücher verfasst und ihre Werke sind in mehr als 40 Sprachen erschienen. Cornelia Funke lebt mit ihrer Familie in Los Angeles. Im Jahr 2020 erhielt sie den Deutschen Jugendliteraturpreis für ihr literarisches Gesamtwerk.

Cornelia Funke

Das verzauberte Klassenzimmer

Illustriert von der Autorin

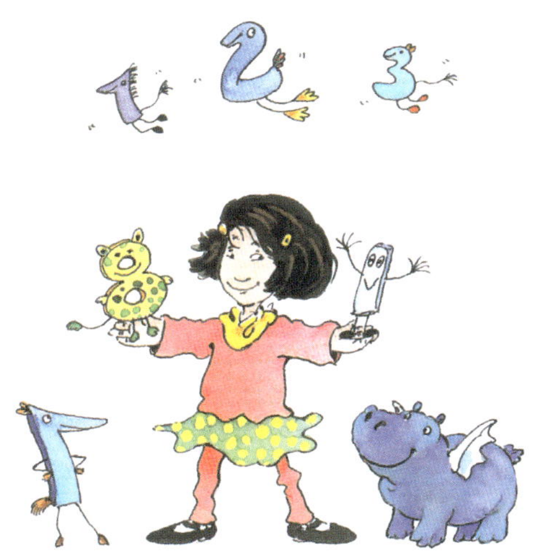

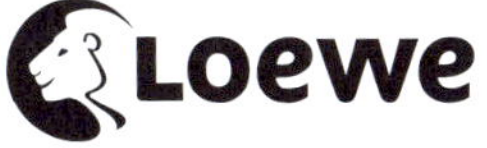

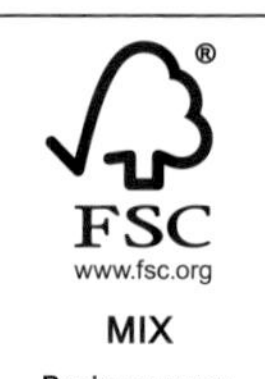

ISBN 978-3-7432-1218-3
Veränderte Neuausgabe 2021
2. Auflage 2022

Umschlag- und Innenillustrationen: Cornelia Funke
Umschlaggestaltung: Ramona Karl
Printed in the EU

www.loewe-verlag.de

Inhalt

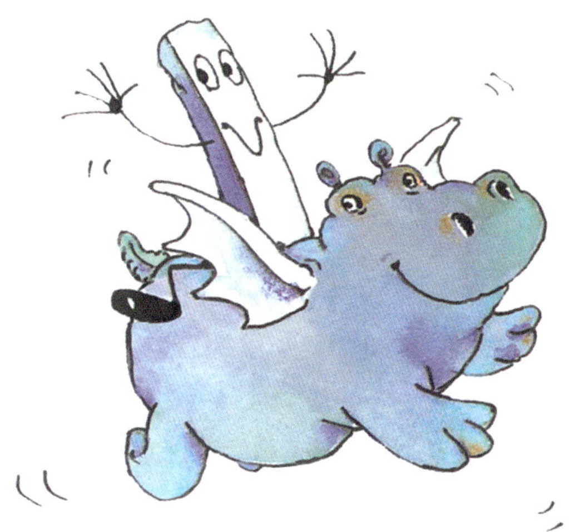

Die neue Schülerin

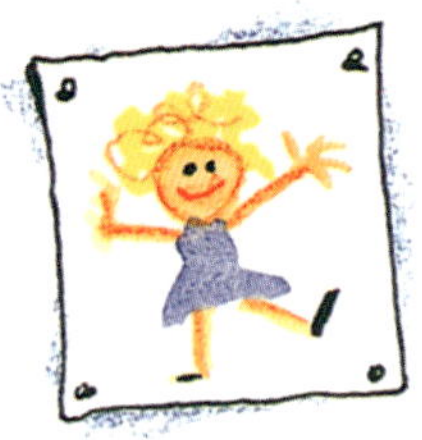

Die Klasse 2b
hatte gerade Rechnen.
Bei Herrn Grempel.
Da klopfte es.

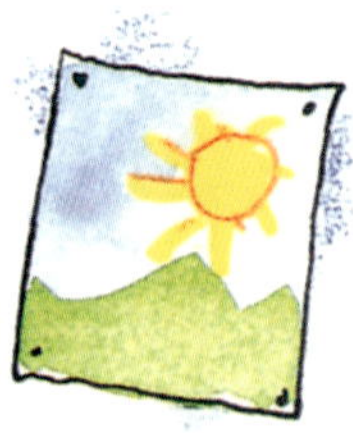

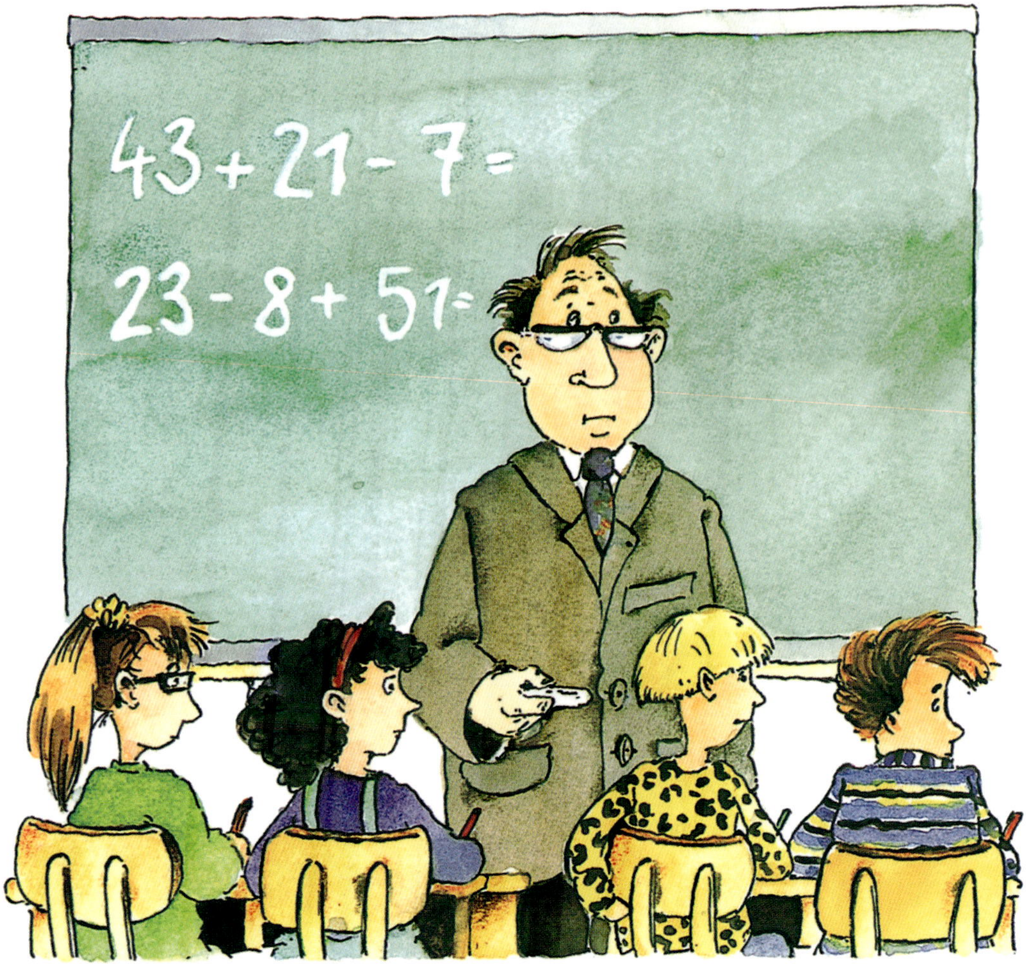

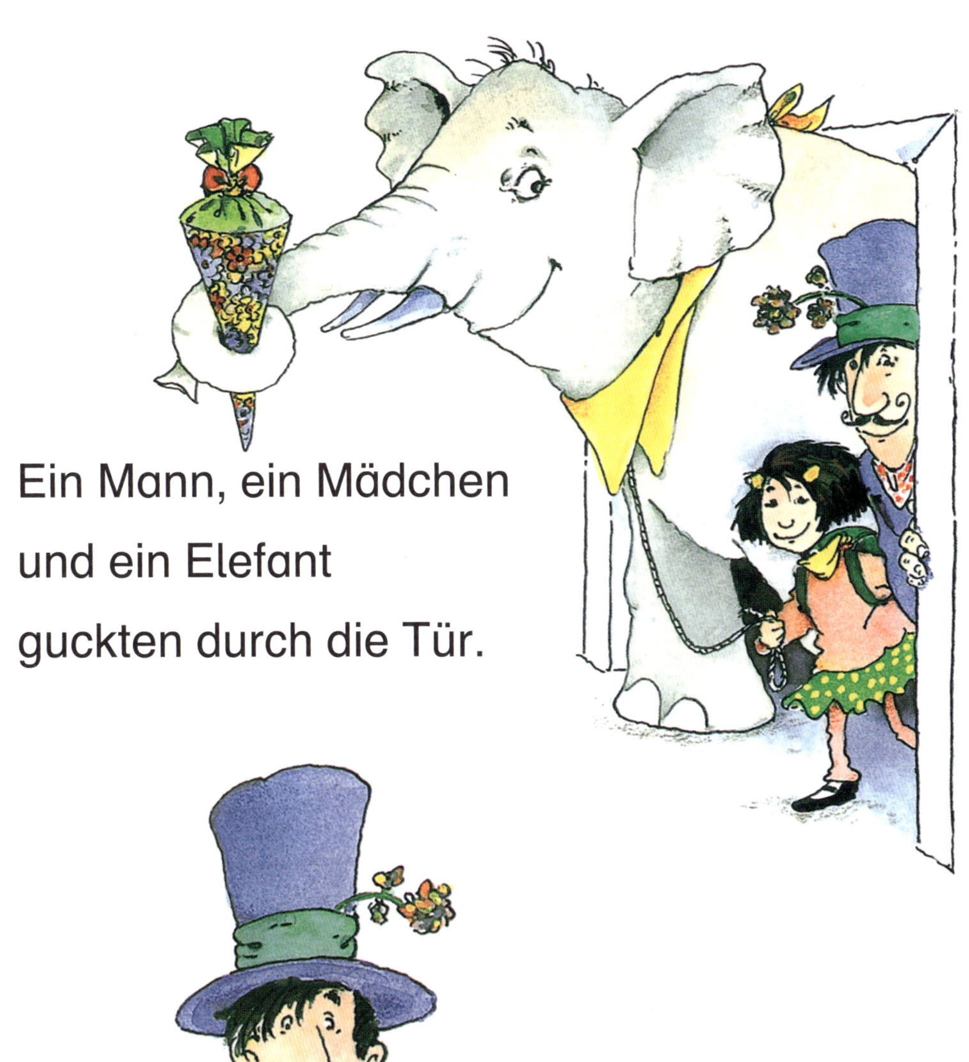

Ein Mann, ein Mädchen
und ein Elefant
guckten durch die Tür.

„Ist das hier
die Klasse 2b?“,
fragte der Mann.

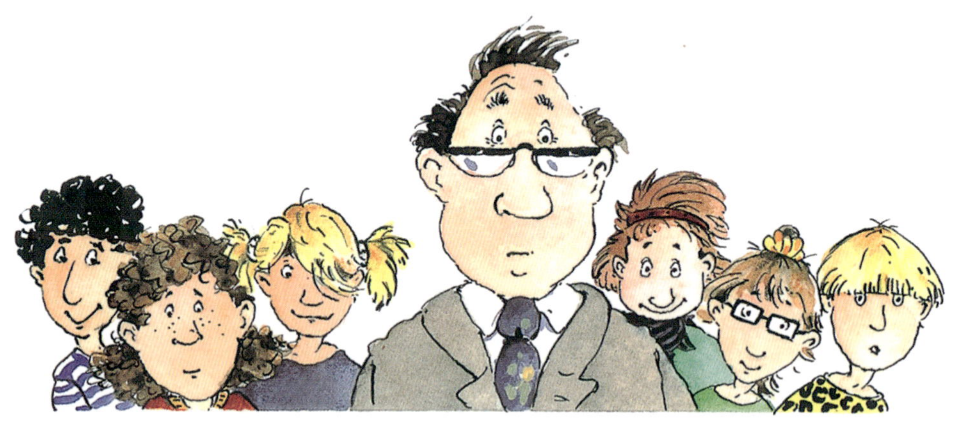

Herr Grempel nickte
verdattert.

„Ich bringe Ihnen
eine neue Schülerin“,
sagte der Mann.
„Meine Tochter Inga.“

Inga lächelte.

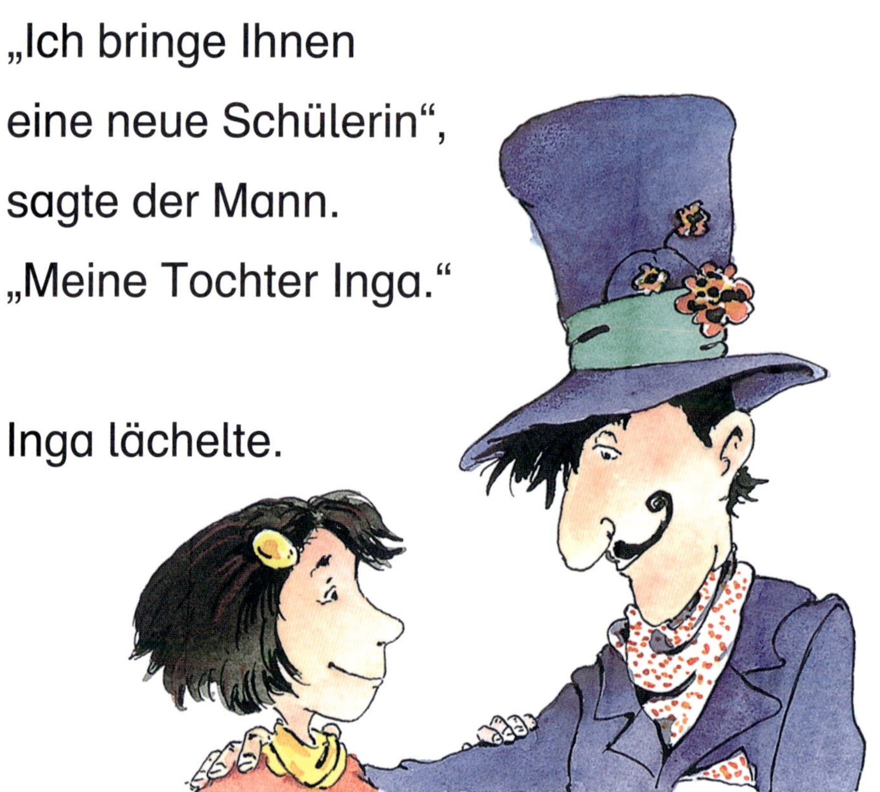

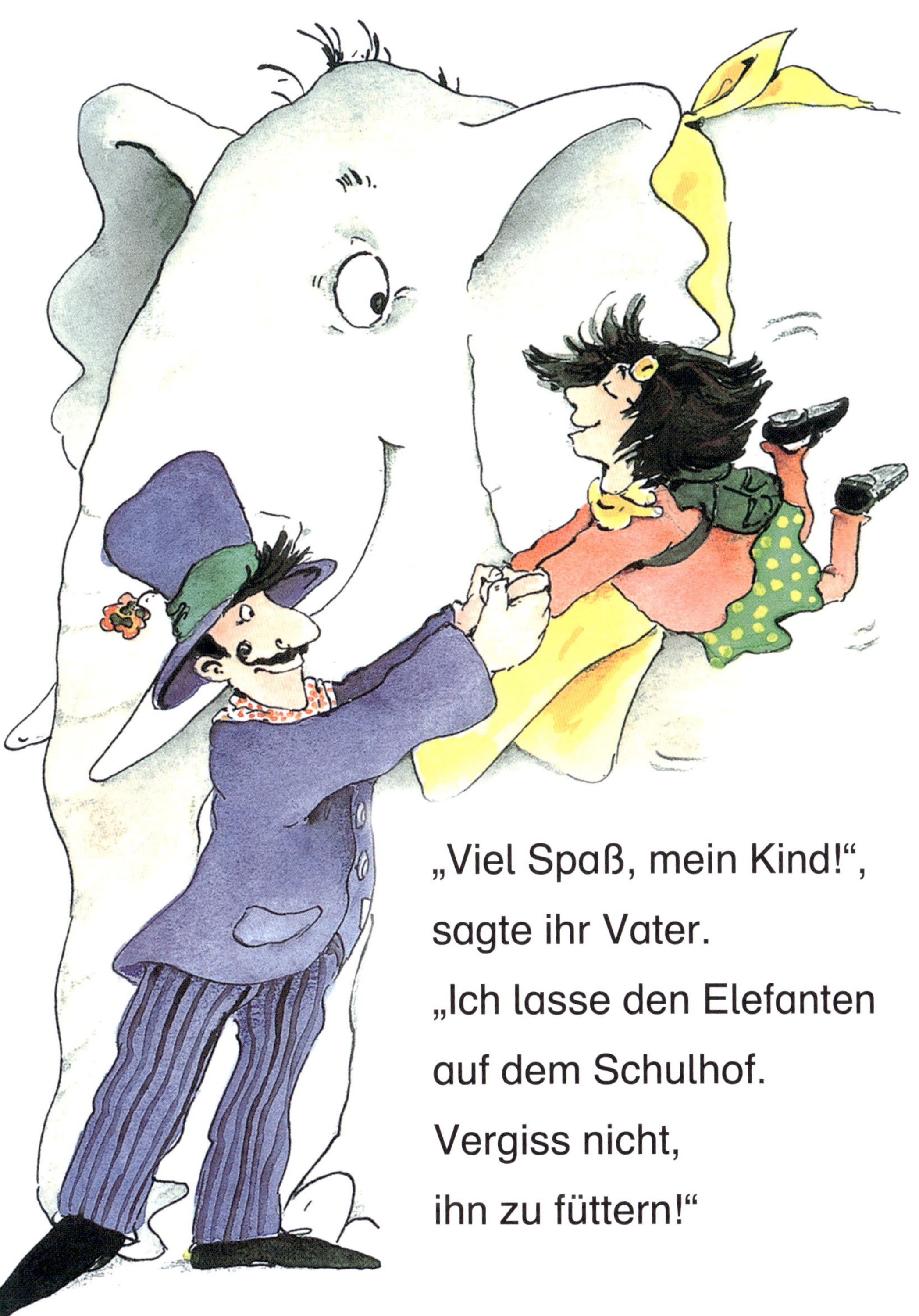

„Viel Spaß, mein Kind!“,
sagte ihr Vater.
„Ich lasse den Elefanten
auf dem Schulhof.
Vergiss nicht,
ihn zu füttern!“

Der Elefant winkte
mit dem Rüssel.

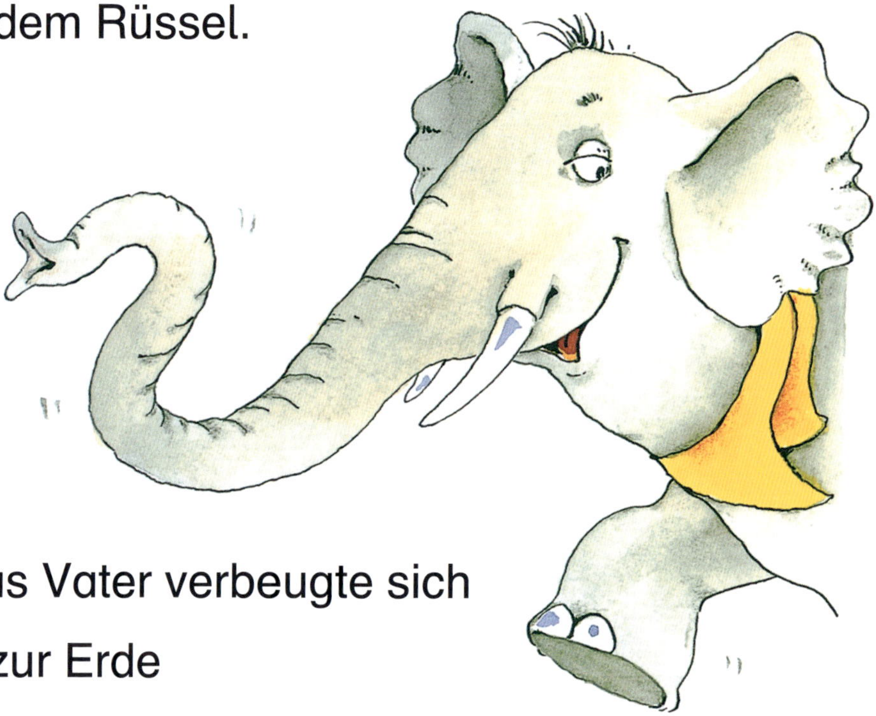

Ingas Vater verbeugte sich
bis zur Erde
und verschwand wieder.

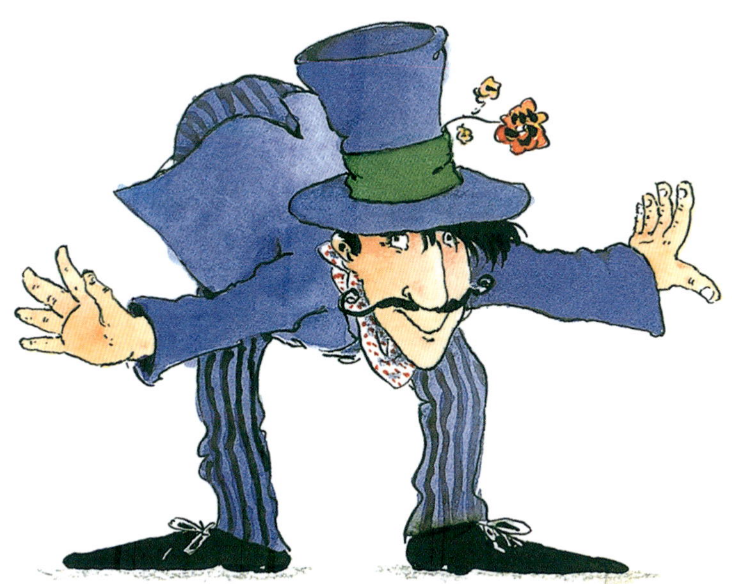

Inga aber hüpfte
zu dem einzigen leeren Platz.

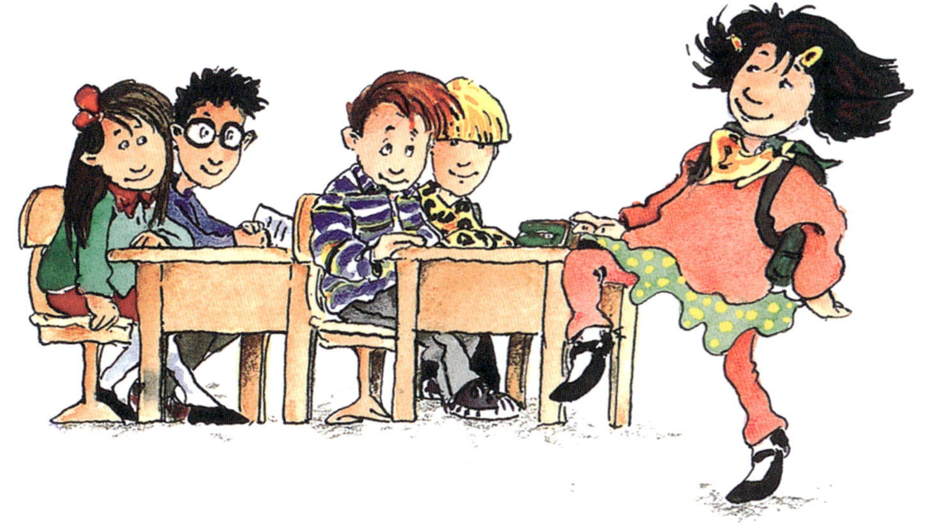

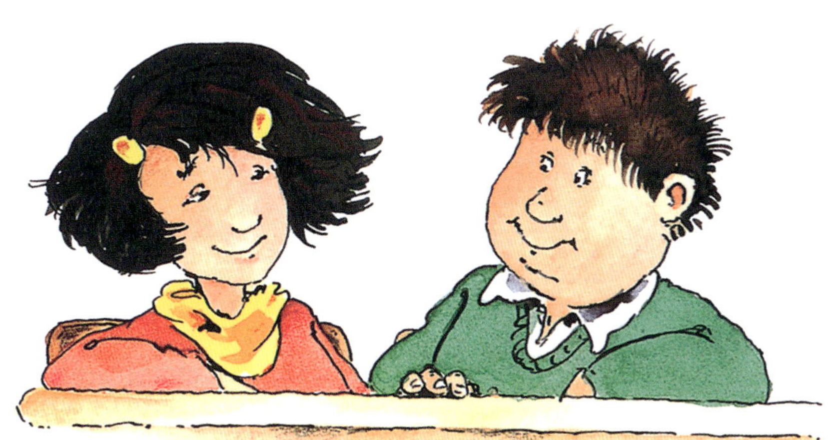

Ganz hinten,
neben dem dicken Max.

Zappelkreide

„Na, so was!“,

murmelte Herr Grempel.

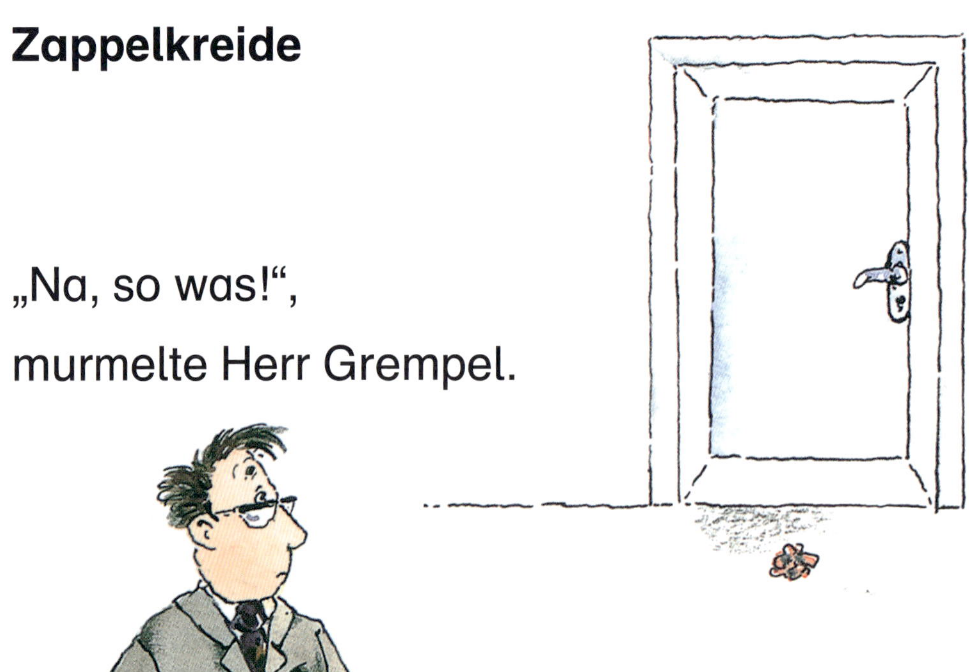

Dann drehte er sich um

und schrieb ein paar

schaurig schwere Aufgaben

an die Tafel.

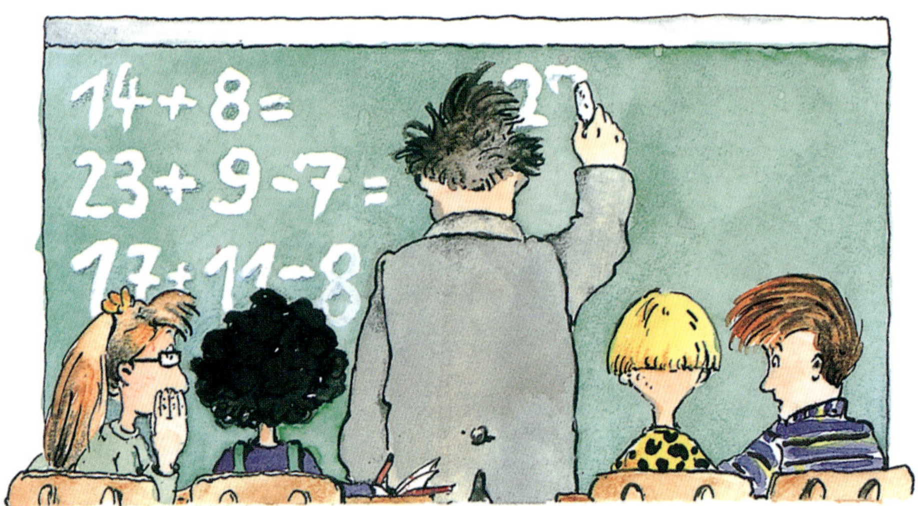

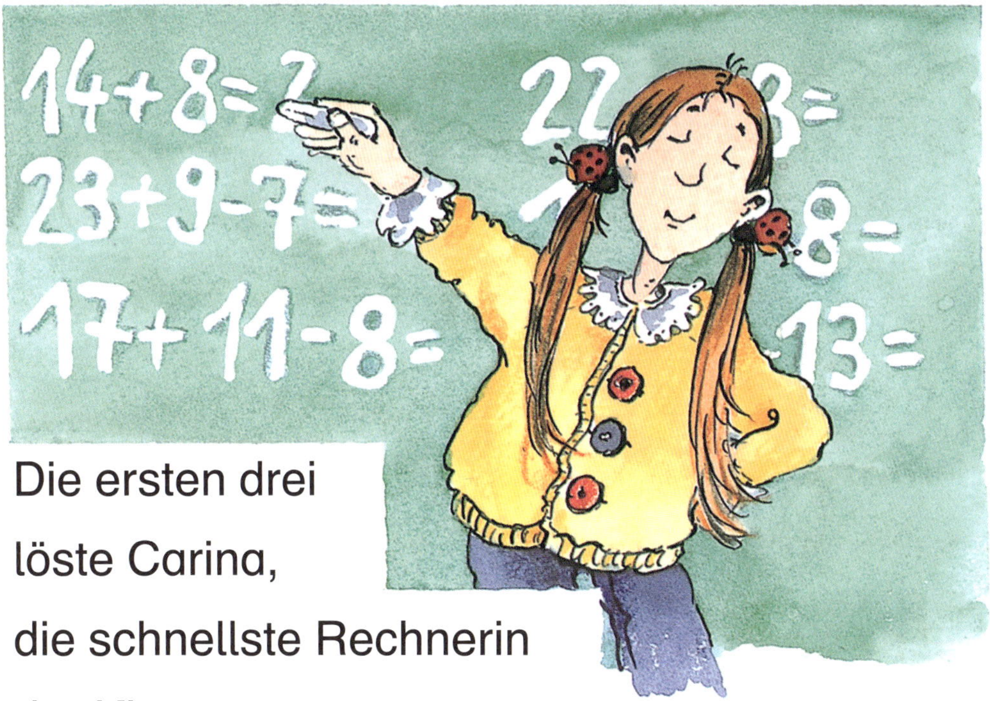

Die ersten drei
löste Carina,
die schnellste Rechnerin
der Klasse.

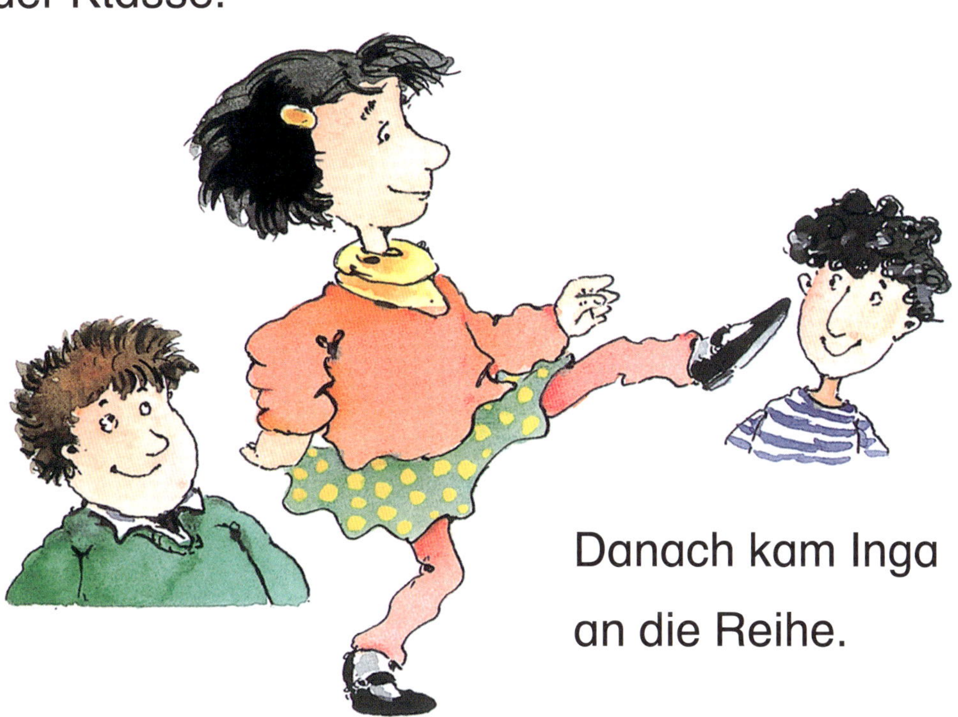

Danach kam Inga
an die Reihe.

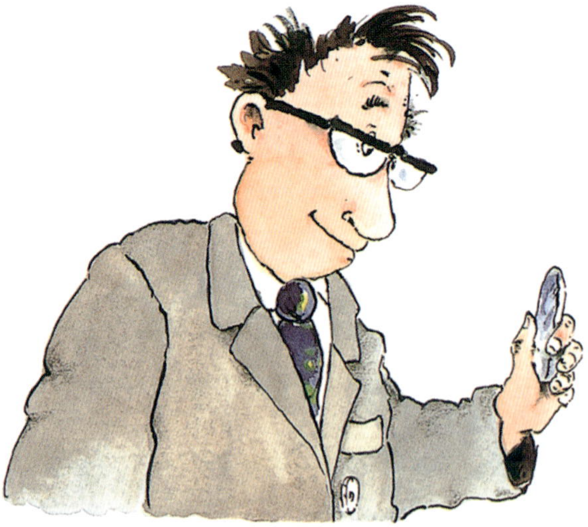

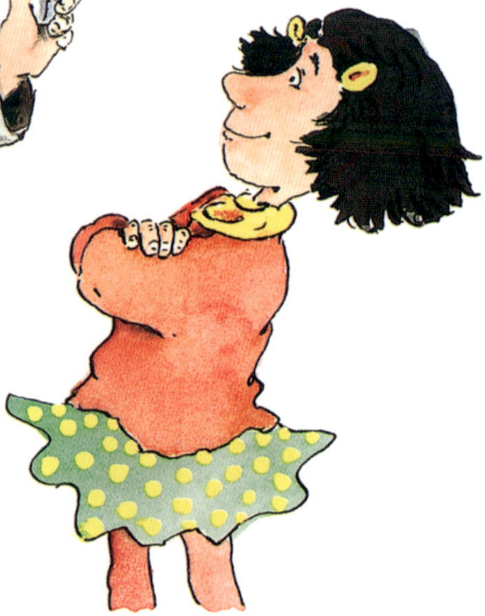

„Na, dann wollen wir
mal sehen,
was du kannst!“,
sagte Herr Grempel.

Inga nahm die Kreide.

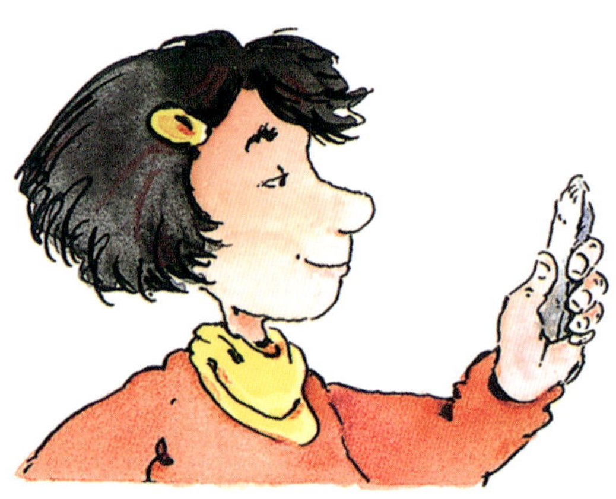

Dann rief sie:

„Eins, zwei, drei und hopp.

Kreide, lauf Galopp!“

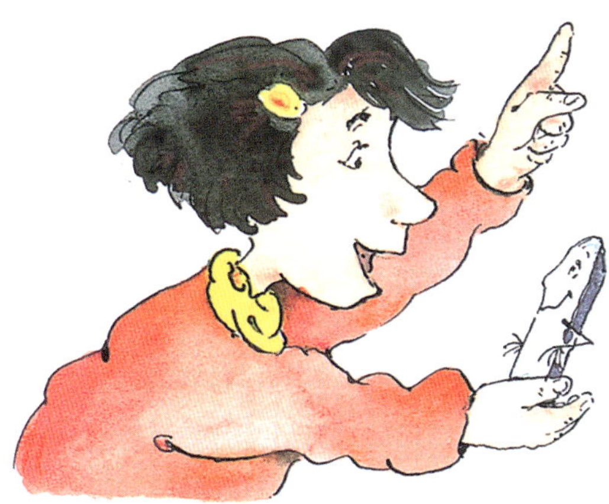

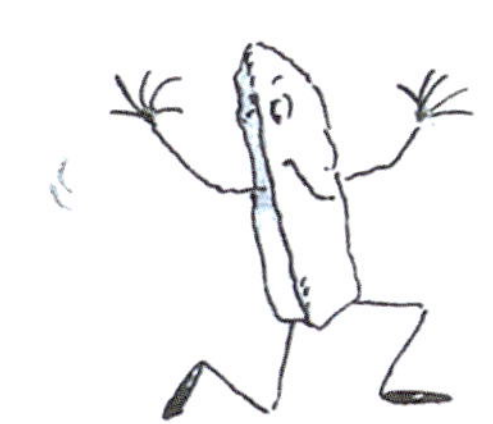

Mit einem Satz

sprang die Kreide

aus Ingas flacher Hand.

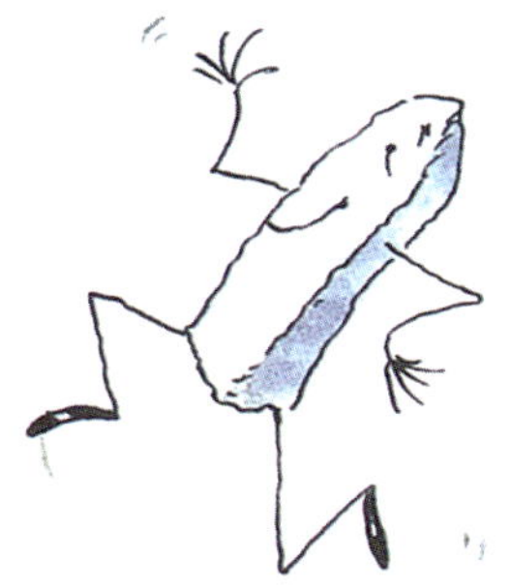

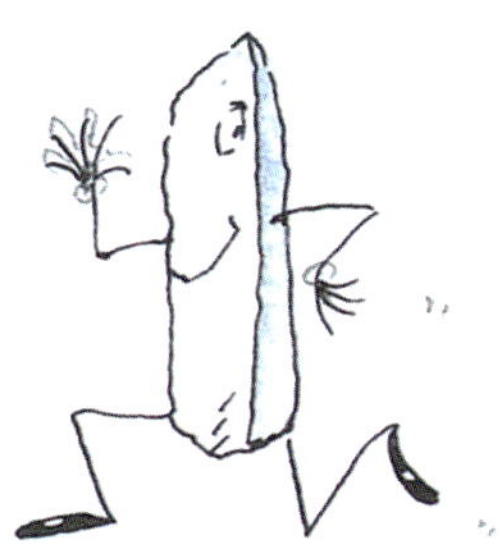

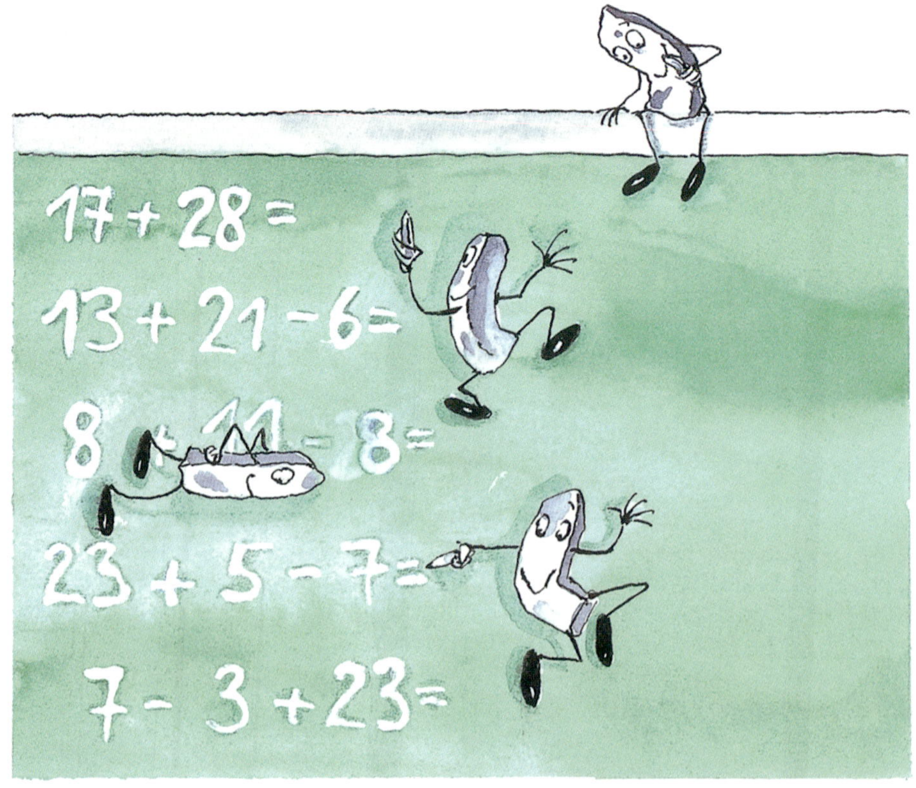

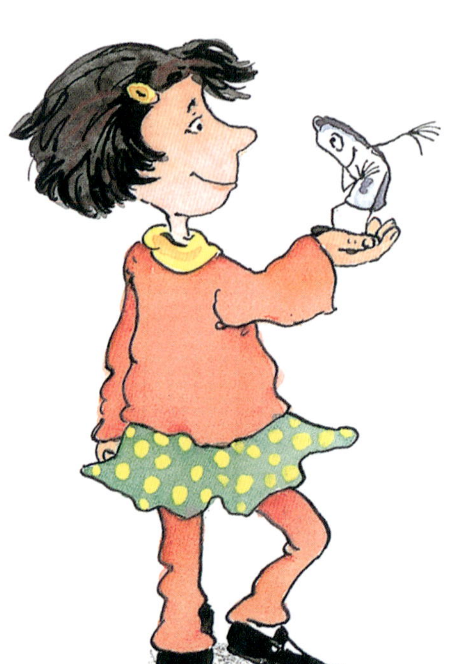

Sie lief die Tafel hinauf
und kritzelte Zahlen
hinter die Aufgaben.

„Alles richtig?“,
fragte Inga.

Herr Grempel machte
den Mund auf,
klappte ihn wieder zu
und nickte.

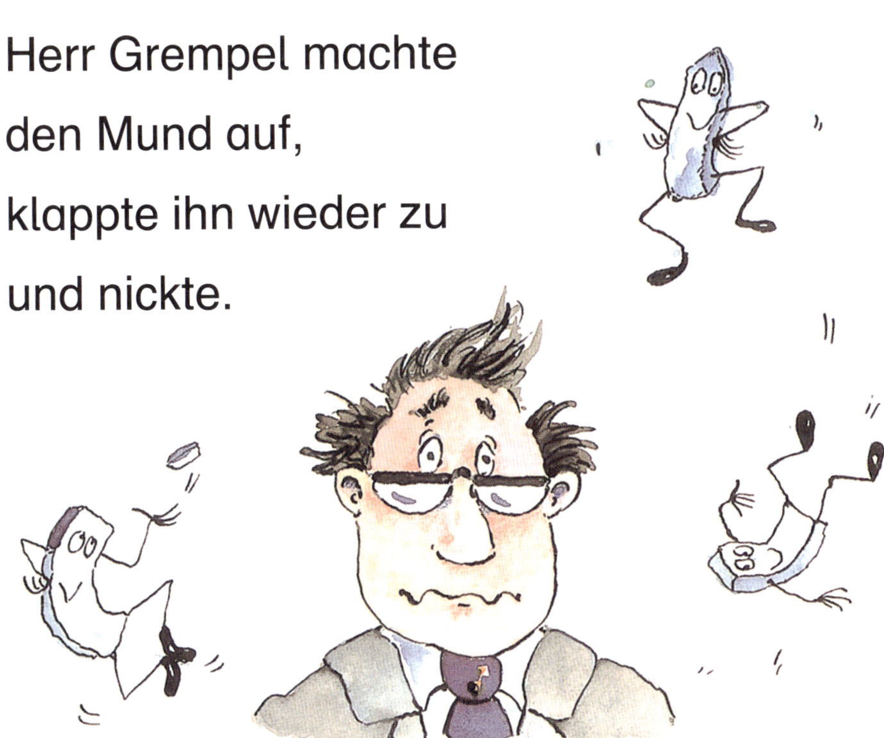

Inga aber hüpfte zurück
an ihren Platz.

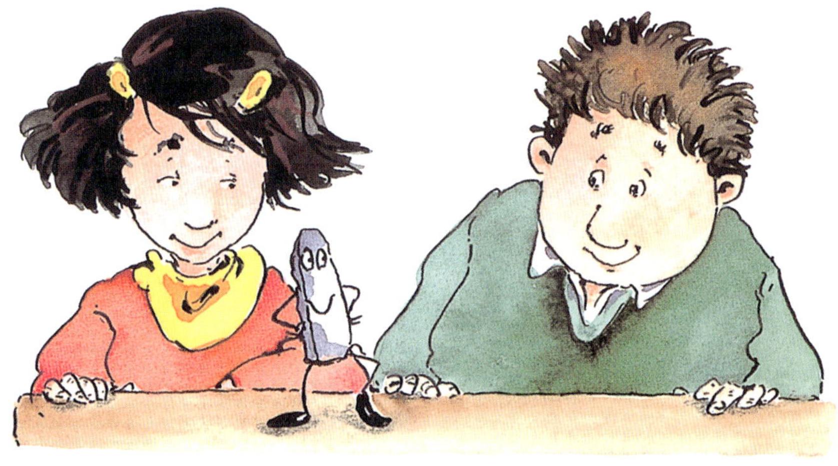

Kopfrechnen

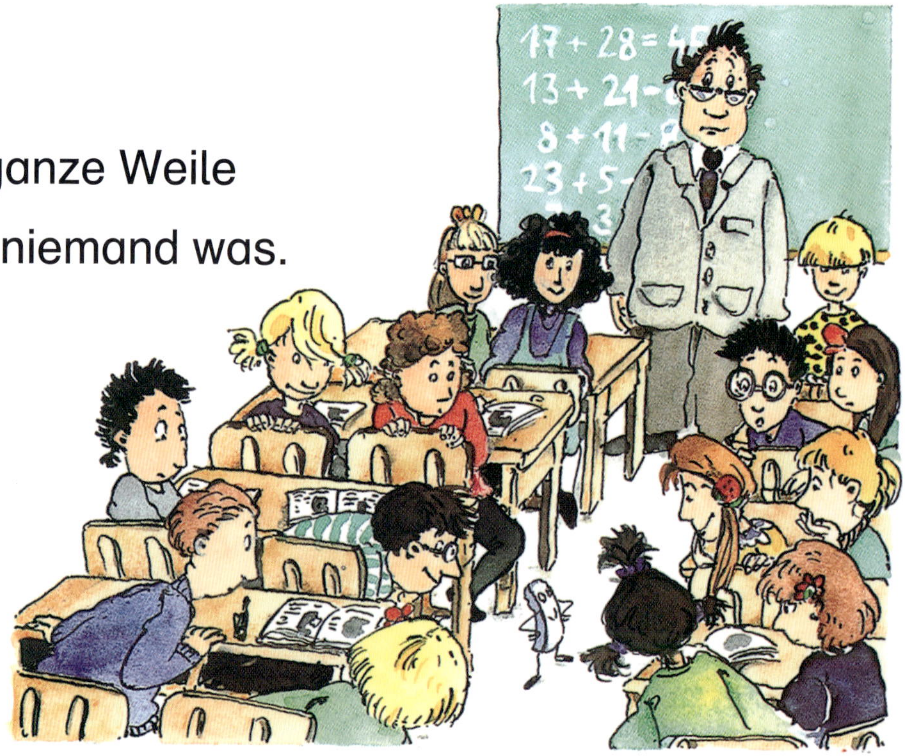

Eine ganze Weile
sagte niemand was.

Nicht mal der lange Bert,
der sonst zu allem
was sagte.

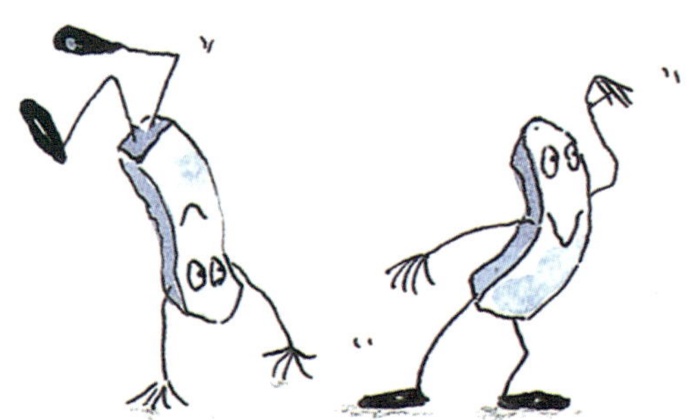

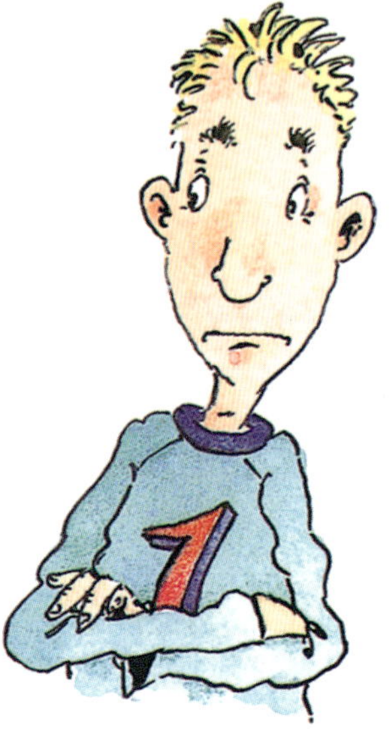

Herr Grempel fand zuerst
die Sprache wieder.

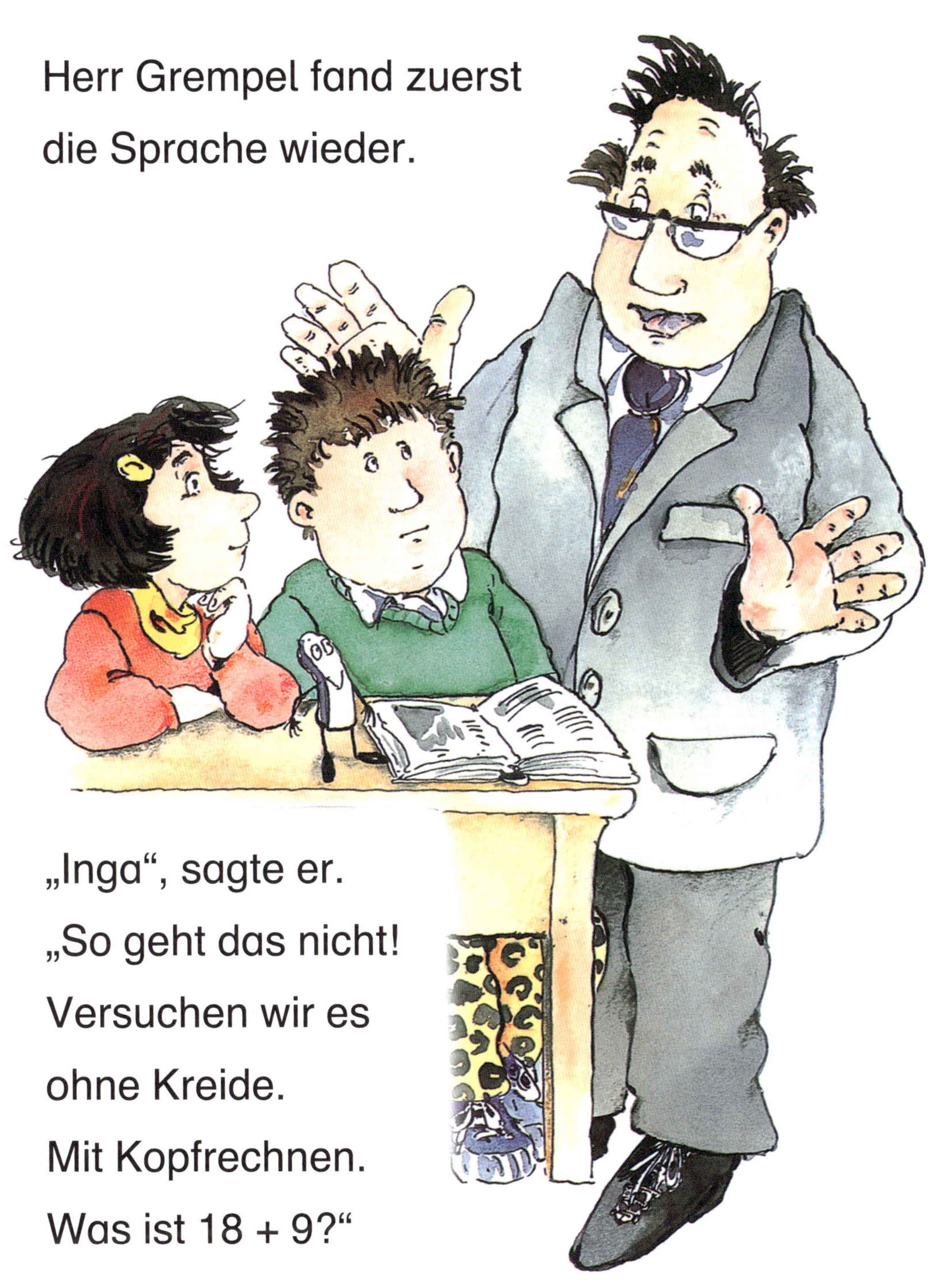

„Inga“, sagte er.
„So geht das nicht!
Versuchen wir es
ohne Kreide.
Mit Kopfrechnen.
Was ist 18 + 9?“

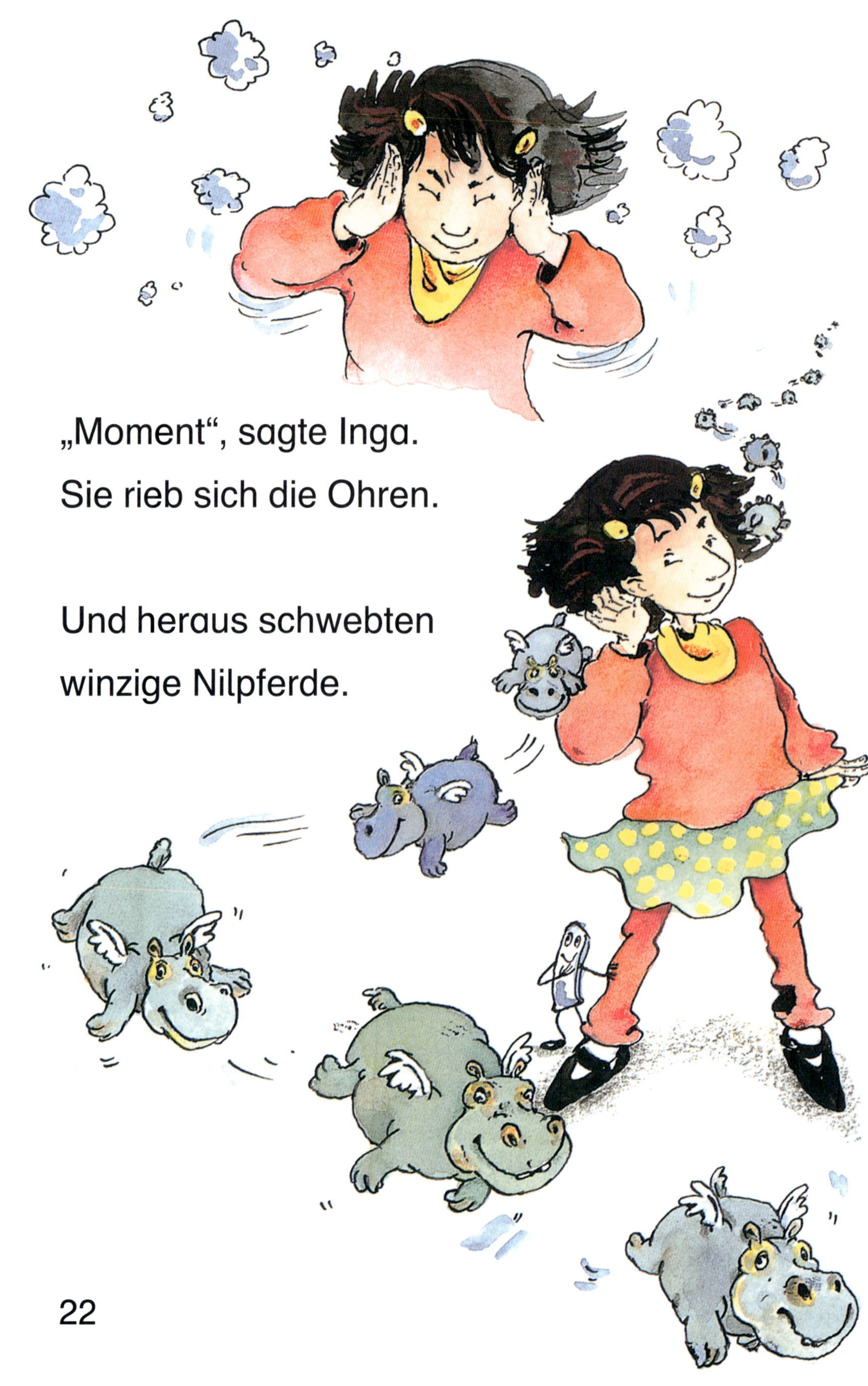

„Moment“, sagte Inga.
Sie rieb sich die Ohren.

Und heraus schwebten
winzige Nilpferde.

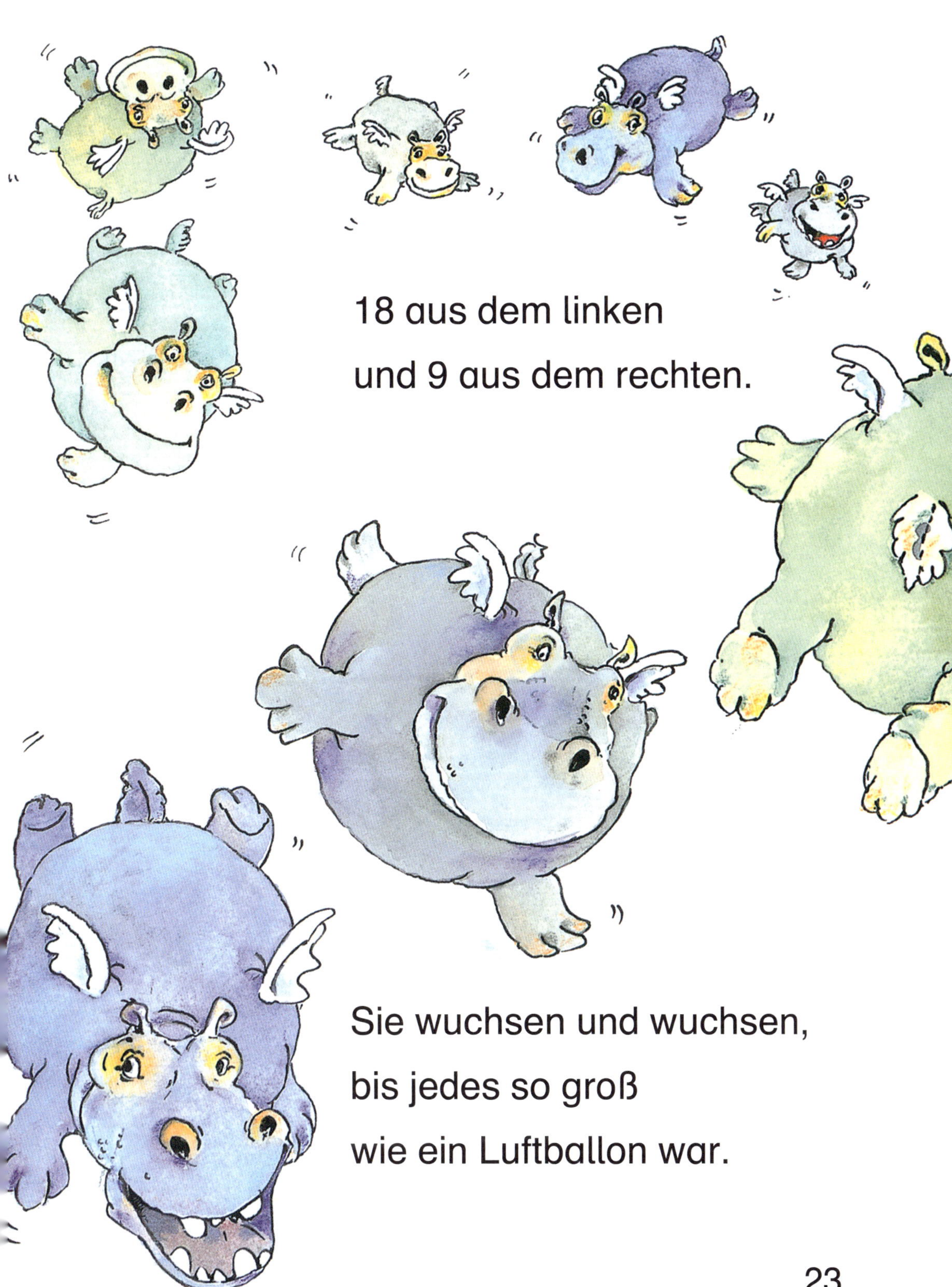

18 aus dem linken
und 9 aus dem rechten.

Sie wuchsen und wuchsen,
bis jedes so groß
wie ein Luftballon war.

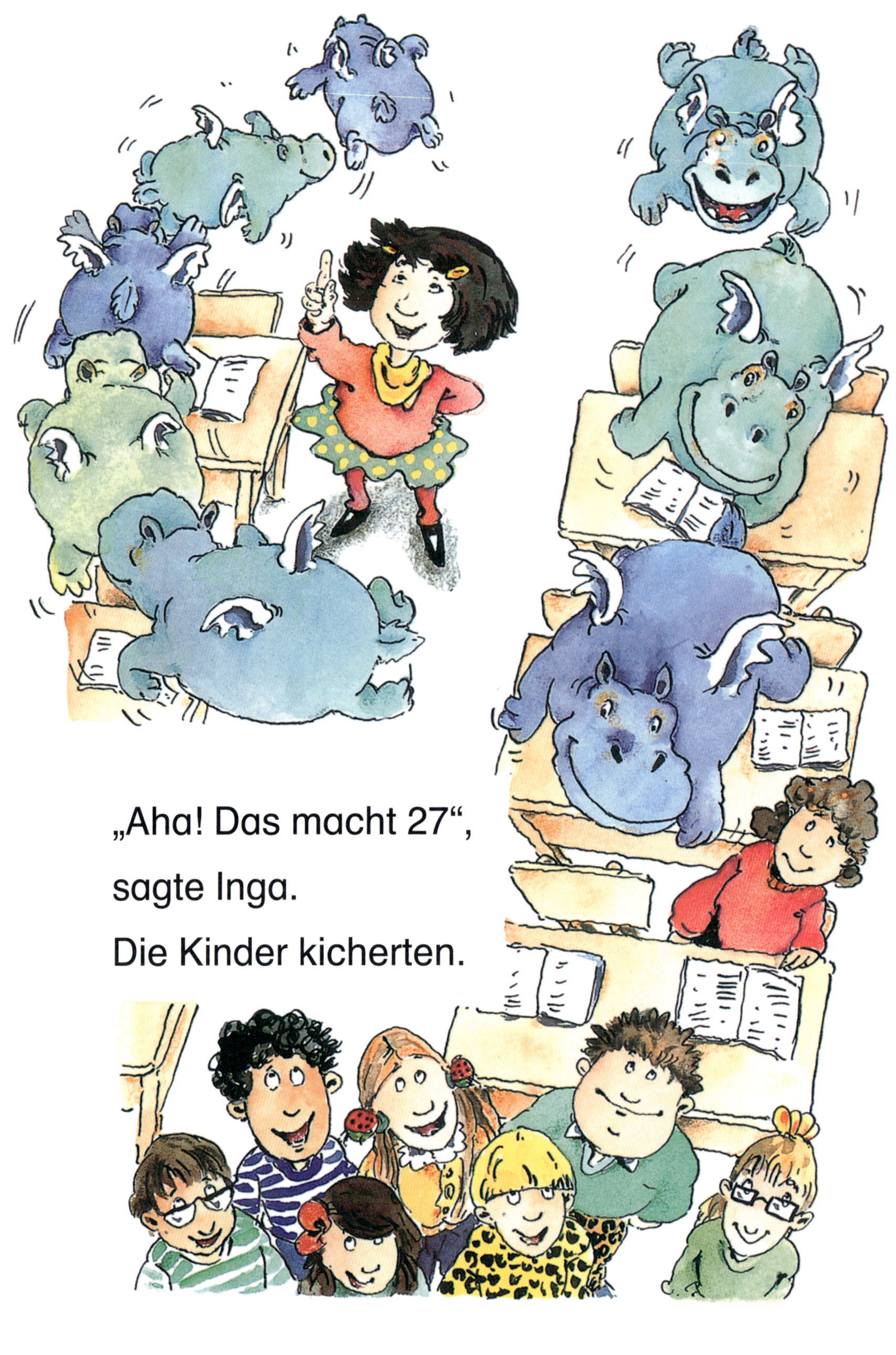

„Aha! Das macht 27“,
sagte Inga.
Die Kinder kicherten.

Die Nilpferde flatterten
auf die Schulter
von Herrn Grempel.

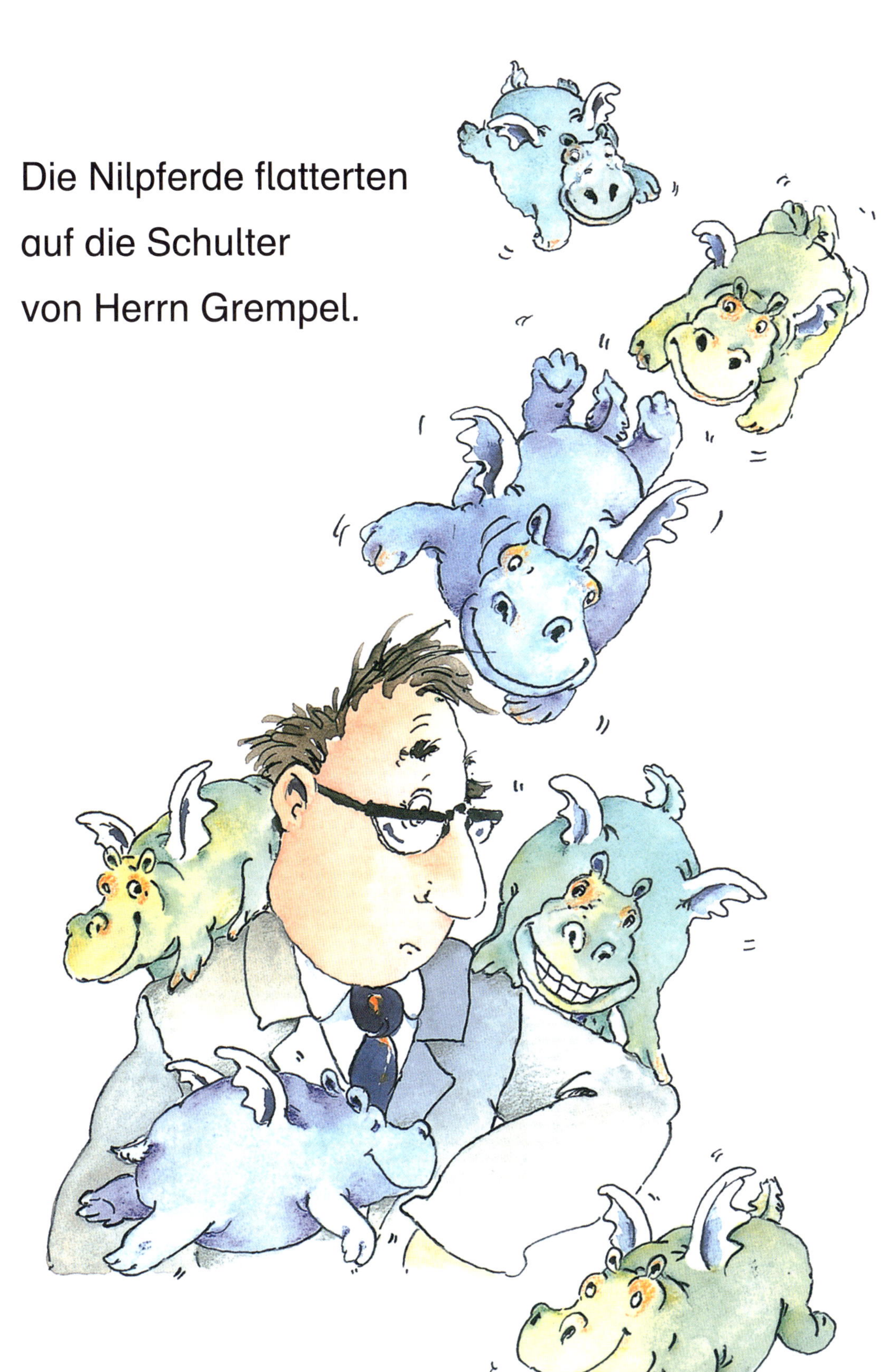

Zahlenzauber

„Ich kann das auch
mit Krokodilen“,
sagte Inga.

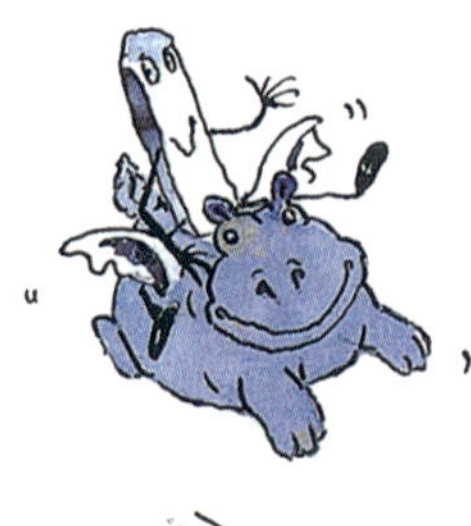

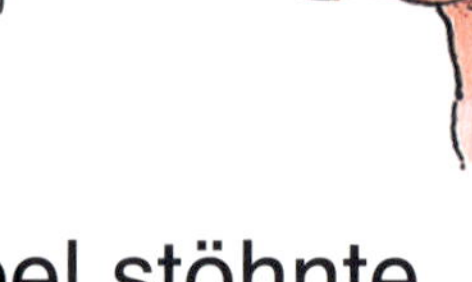

Herr Grempel stöhnte.
„Inga! Was ist 7 + 3 + 6 + 5 – 8?
Aber bitte mit Zahlen!“

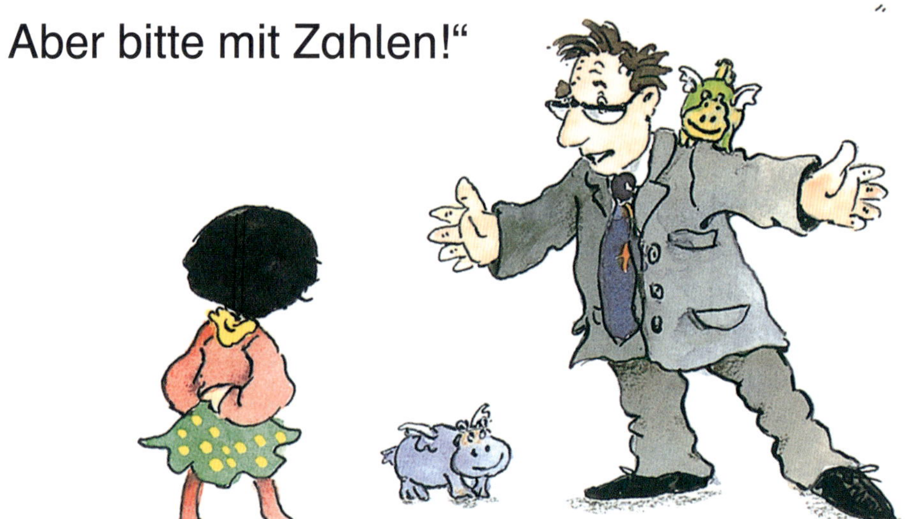

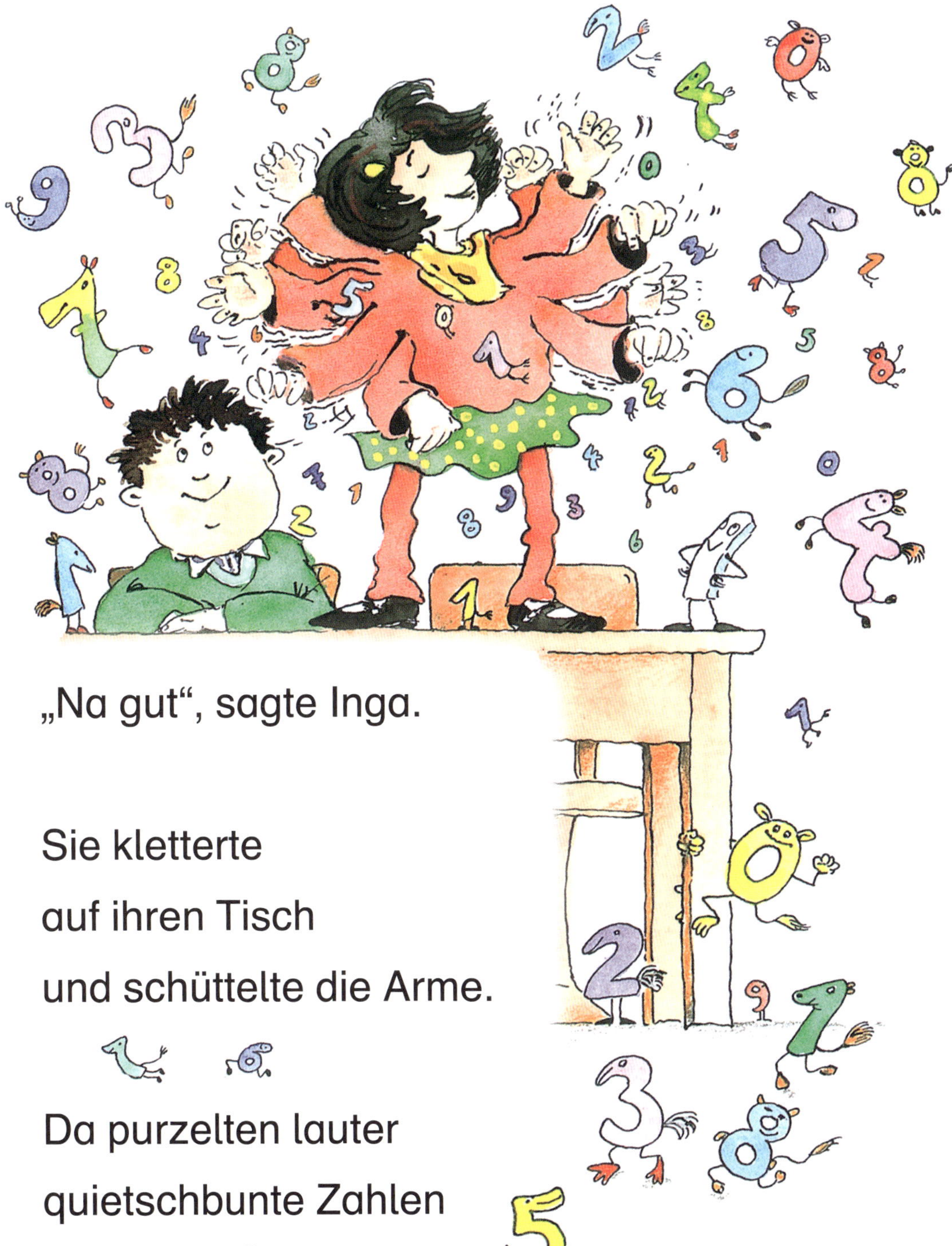

„Na gut“, sagte Inga.

Sie kletterte
auf ihren Tisch
und schüttelte die Arme.

Da purzelten lauter
quietschbunte Zahlen
aus Ingas Ärmeln.

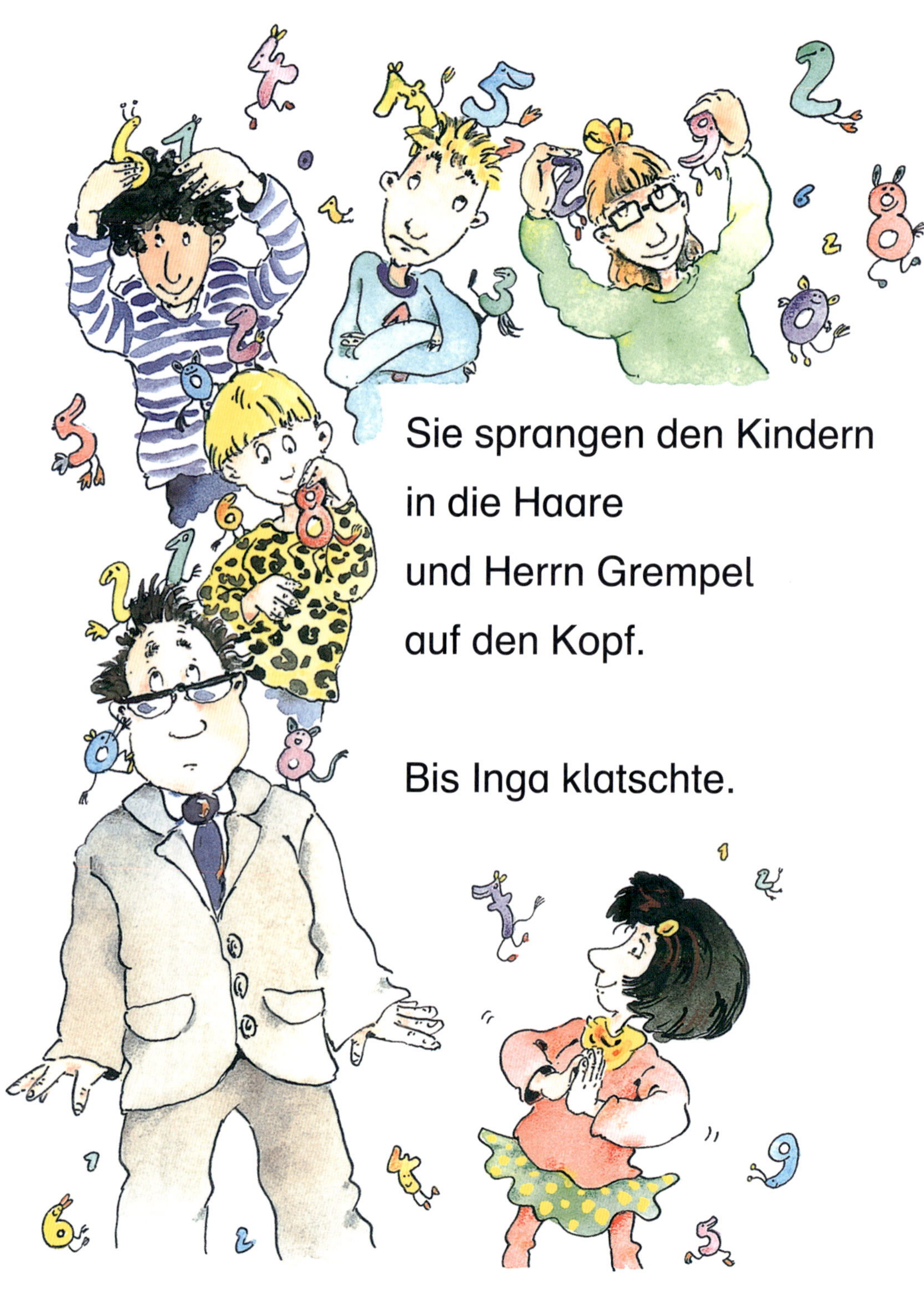

Sie sprangen den Kindern
in die Haare
und Herrn Grempel
auf den Kopf.

Bis Inga klatschte.

Da zerplatzten sie plötzlich alle.

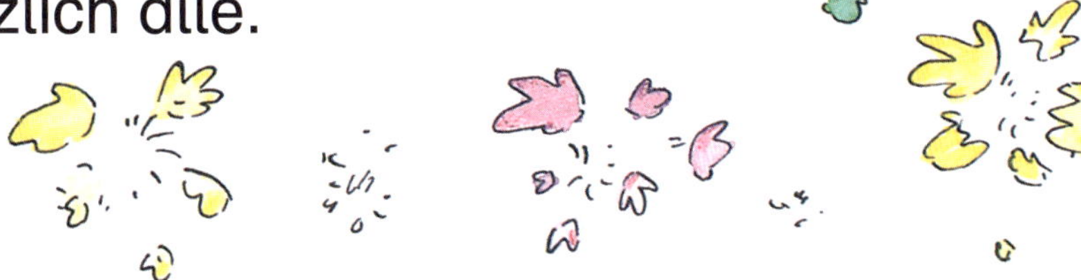

Bis auf die 1 und die 3.

„13“, sagte Inga.

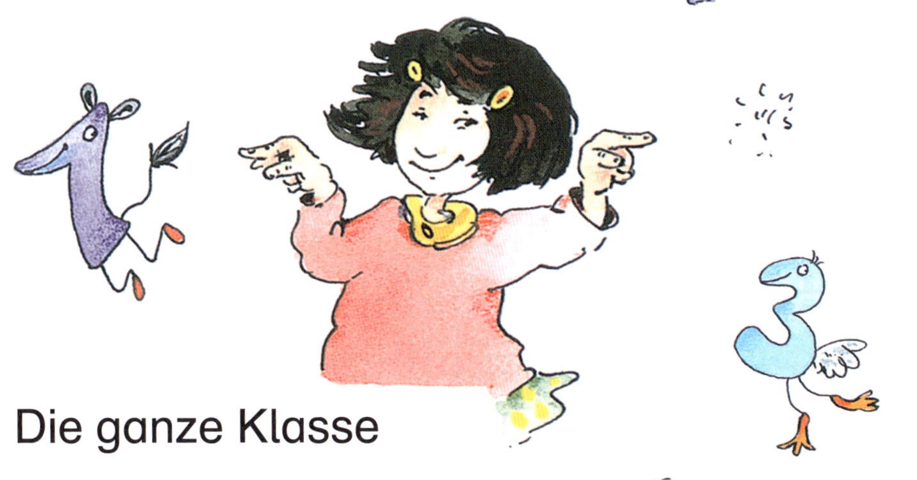

Die ganze Klasse klatschte begeistert.

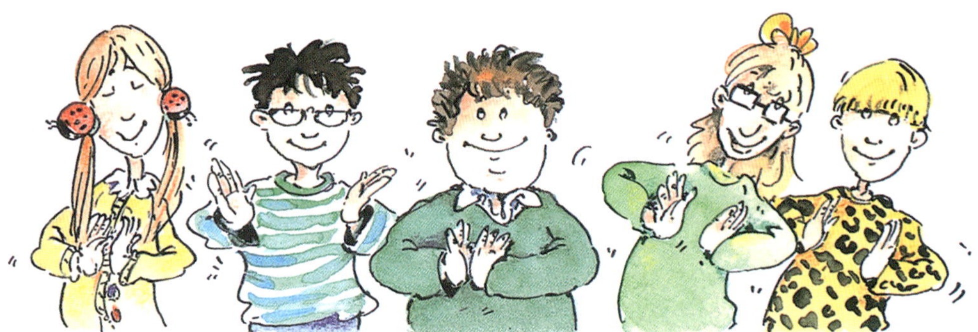

Elefantenpause

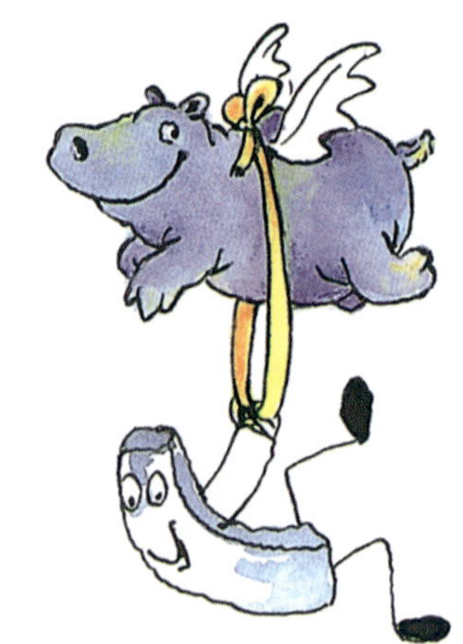

Als es zur Pause klingelte,
wimmelte das Klassenzimmer
von seltsamen Geschöpfen.

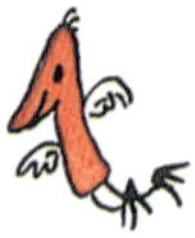

Herr Grempel saß verzweifelt
auf seinem Pult
zwischen vier Kühen.

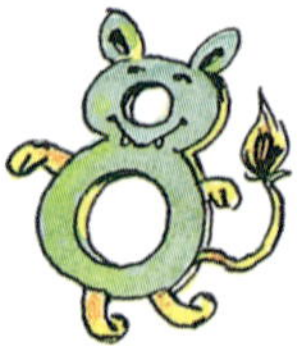

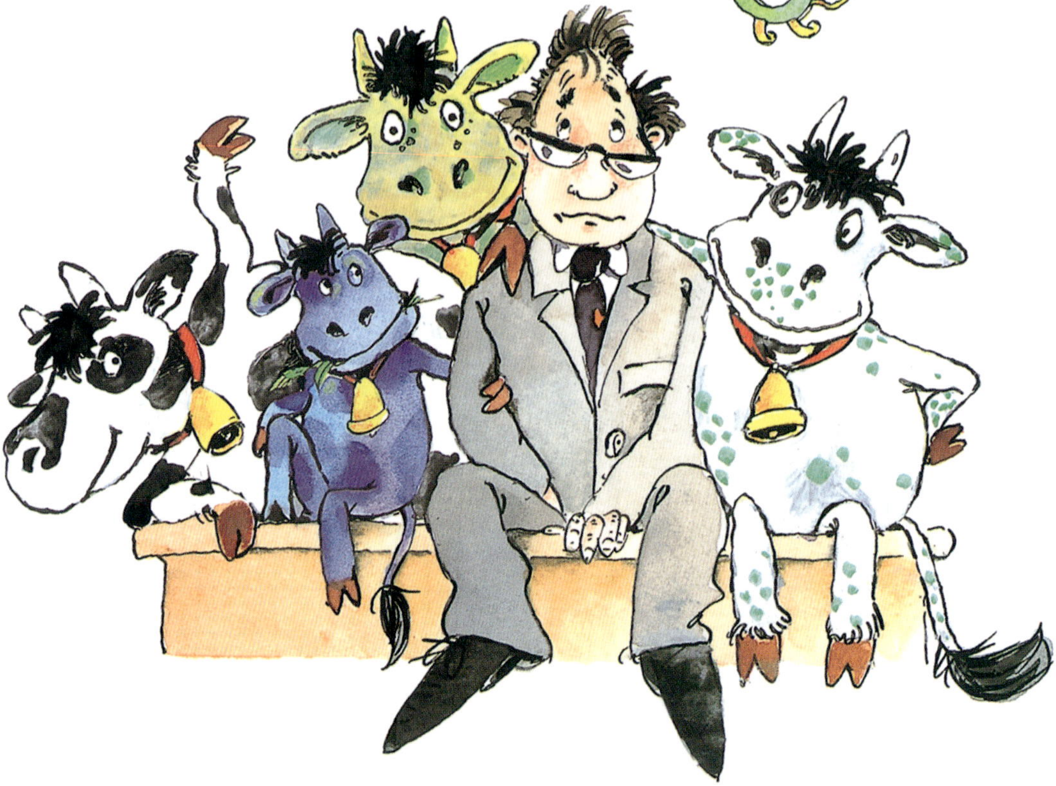

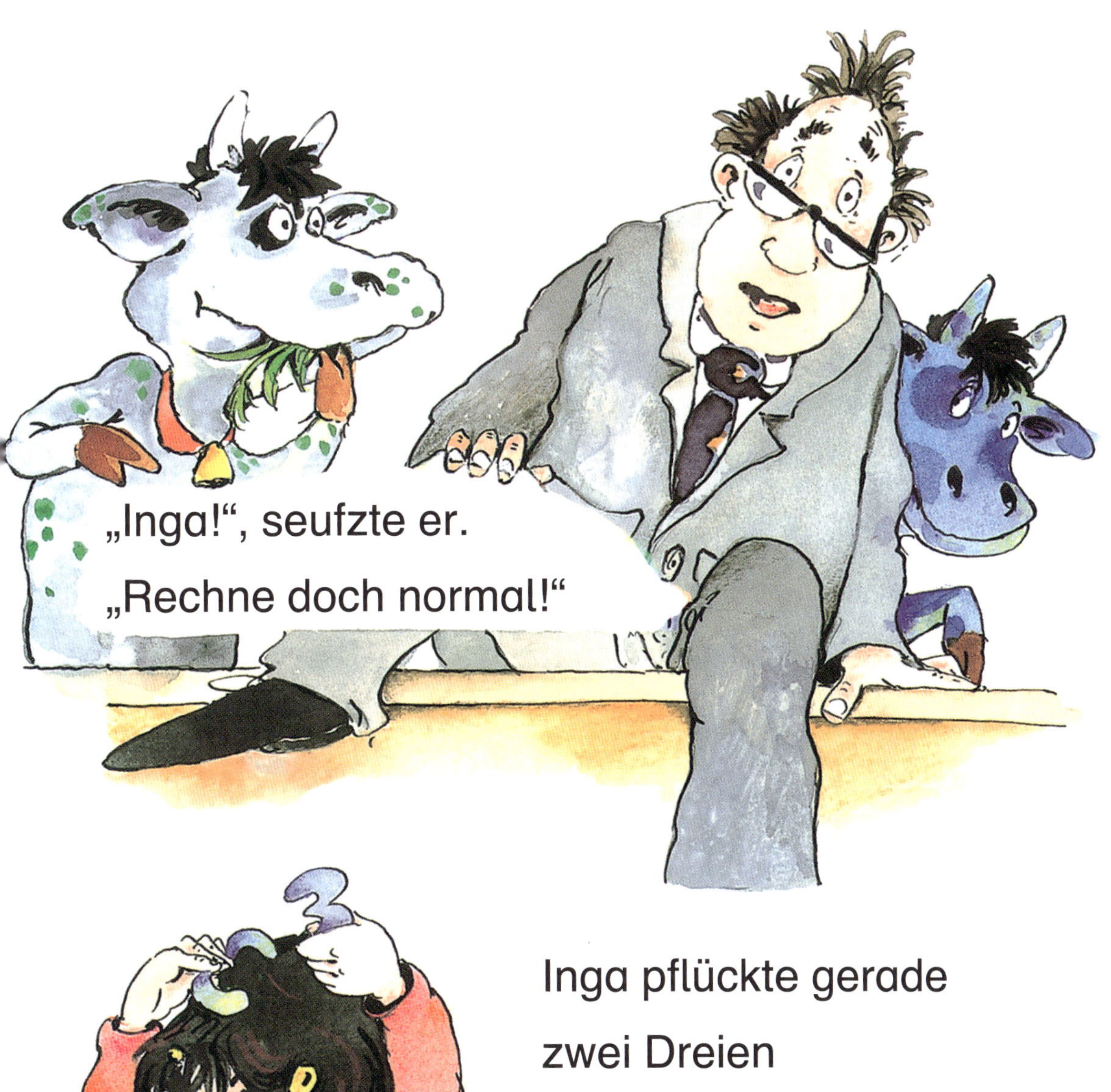

„Inga!“, seufzte er.
„Rechne doch normal!“

Inga pflückte gerade
zwei Dreien
aus ihrem Haar.

„Normal ist ziemlich
langweilig, oder?“

Die anderen Kinder grinsten.

Herr Grempel seufzte wieder.

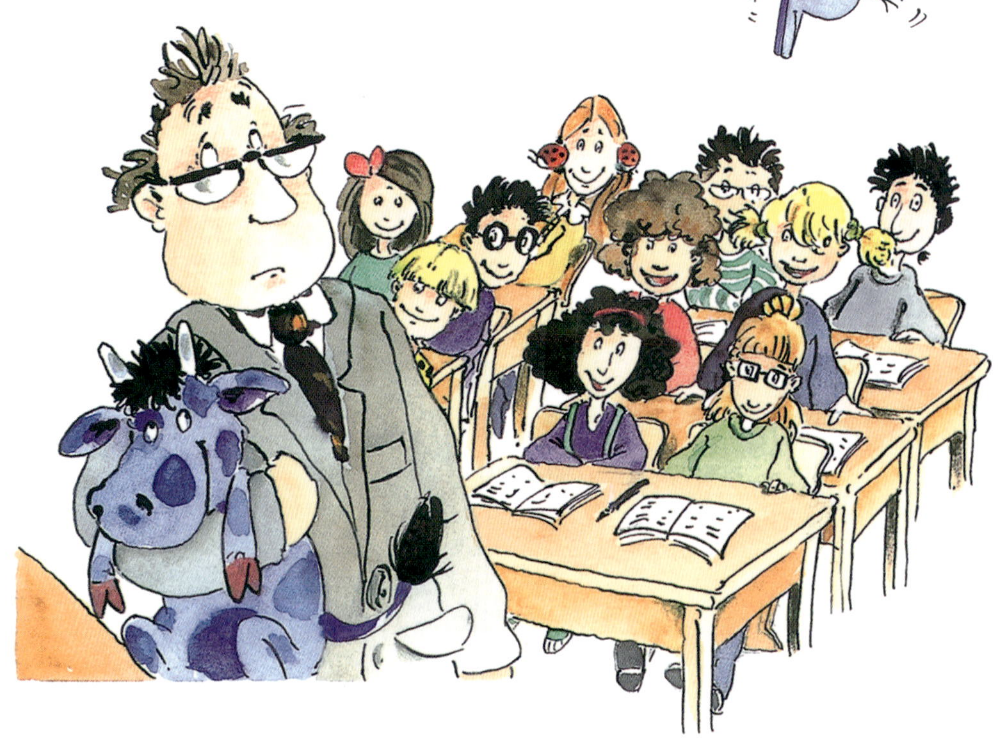

„Was gibt's als Nächstes?",

fragte Inga.

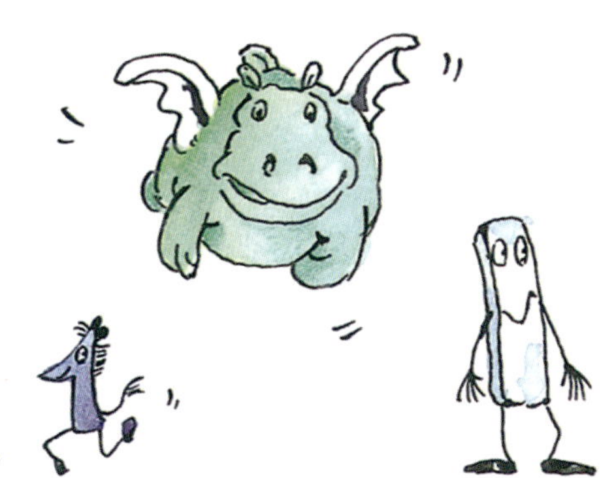

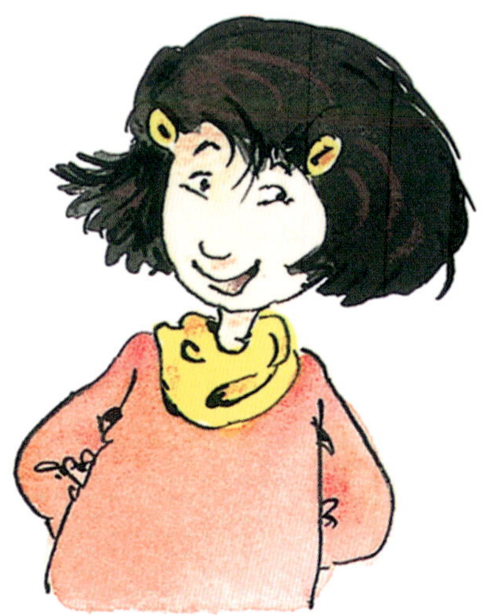

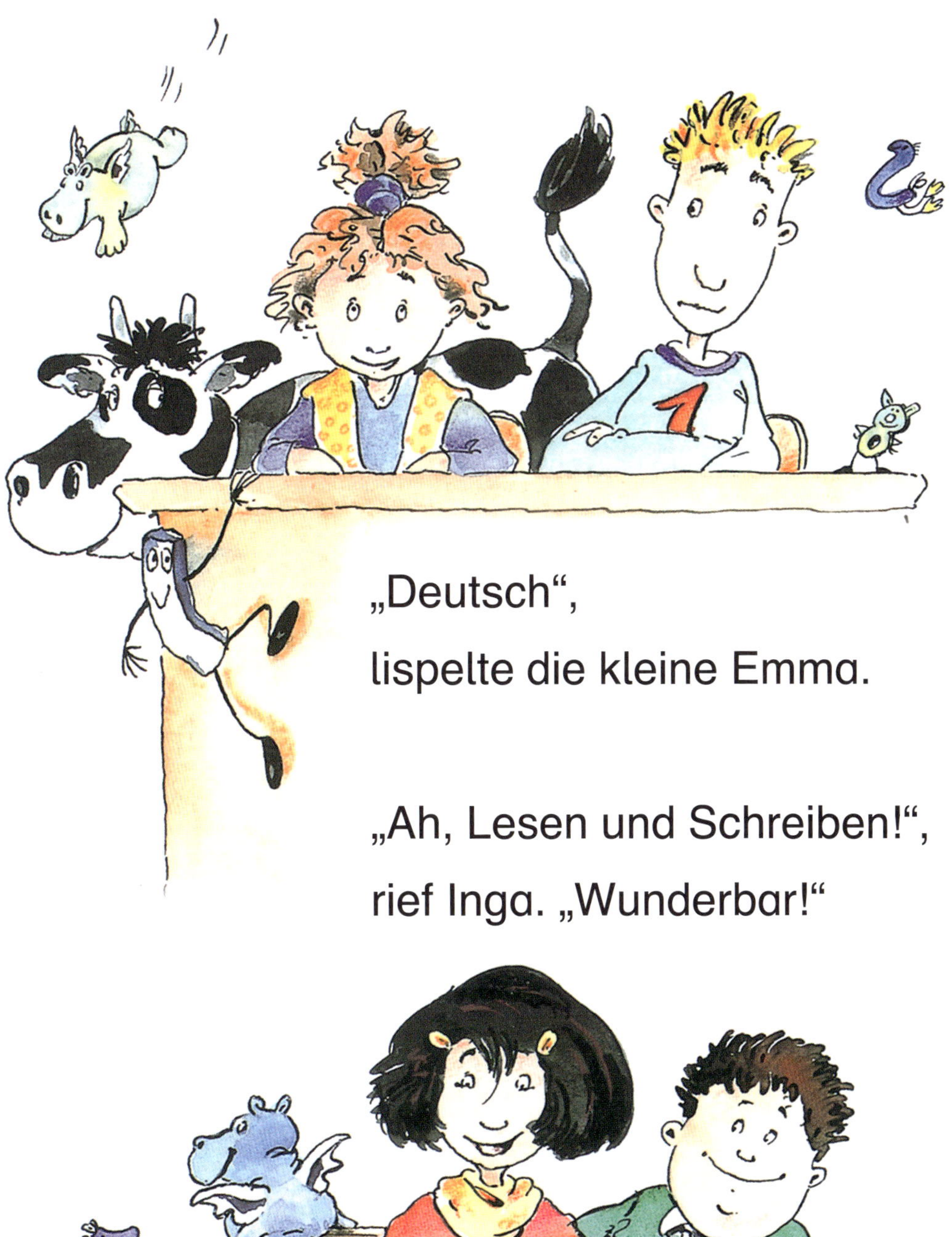

„Deutsch“,
lispelte die kleine Emma.

„Ah, Lesen und Schreiben!“,
rief Inga. „Wunderbar!“

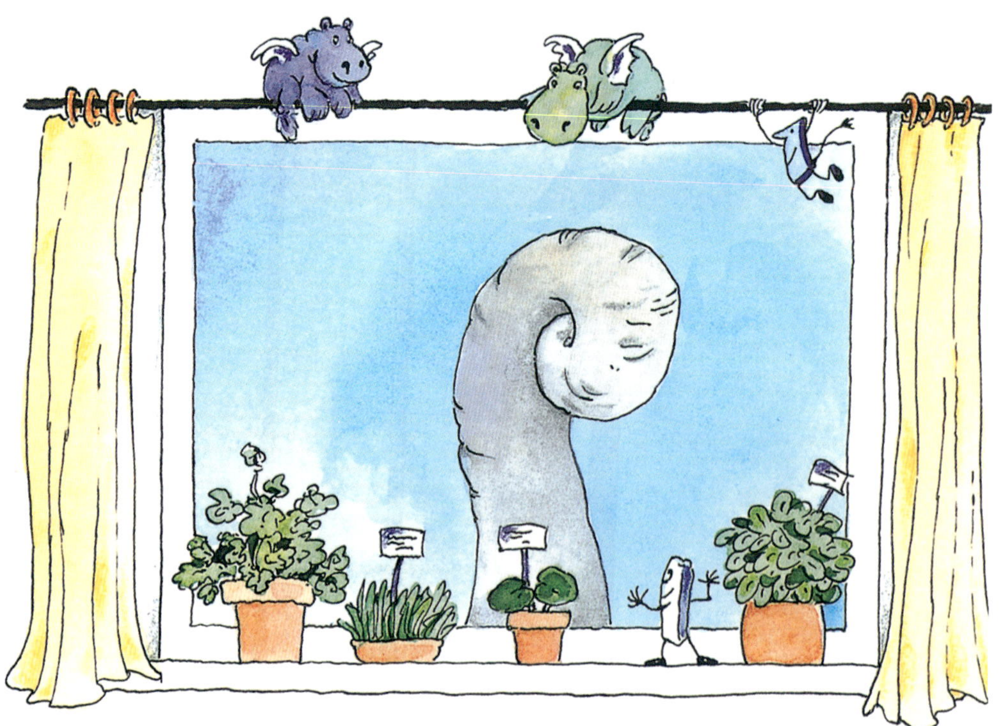

Da klopfte plötzlich
ein Elefantenrüssel
gegen das Fenster.

„Oje!“, rief Inga.
„Vorher muss ich aber noch
meinen Elefanten füttern.“

Und schon hüpfte sie
zur Klassentür hinaus.

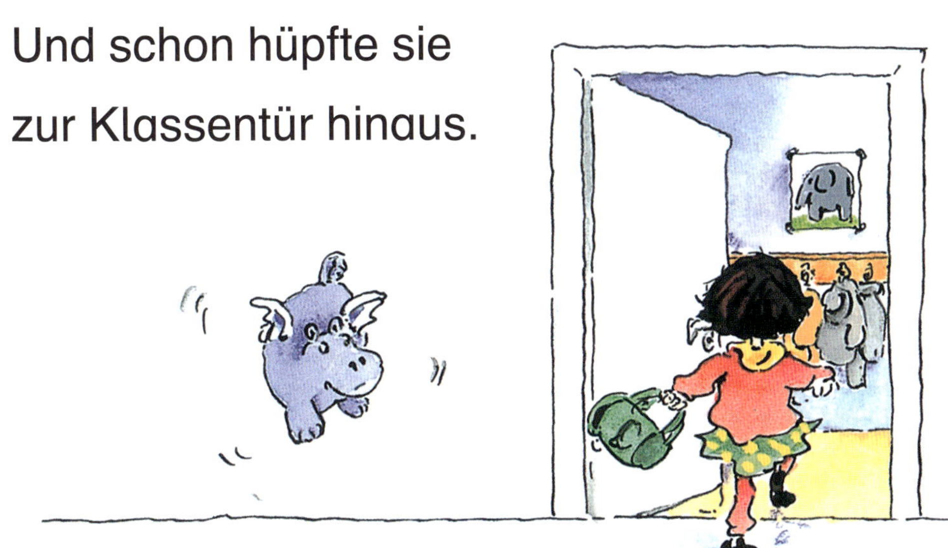

Und alle folgten ihr:
die Nilpferde, die Kühe
und die Zahlentiere.

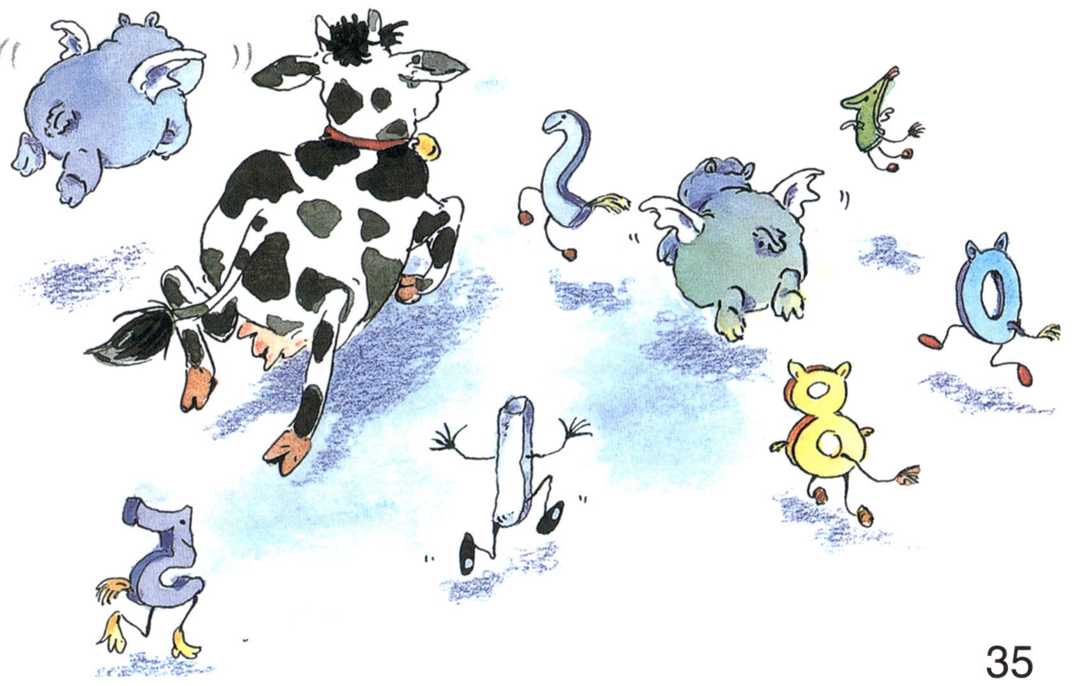

Ganz normal sah
die Klasse 2b
da plötzlich wieder aus.
So, als hätte Inga
alle Farben
mitgenommen.

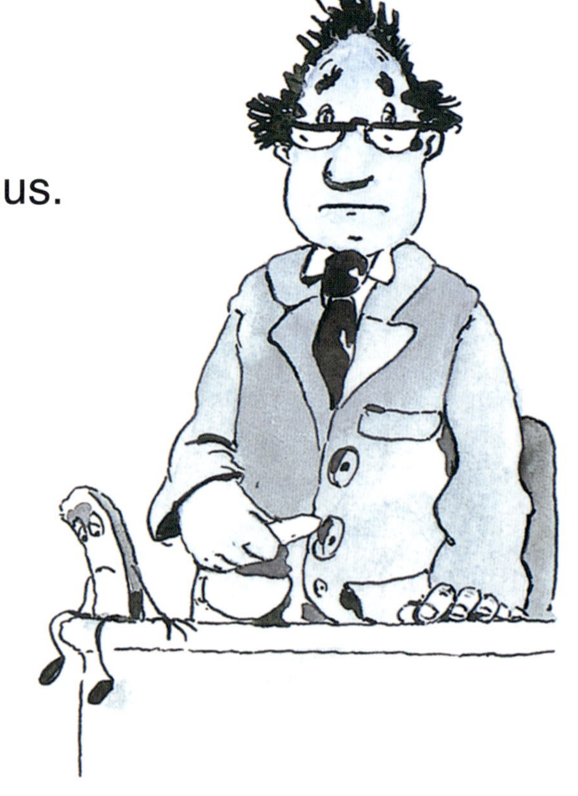

Die Kinder ließen
die Köpfe hängen.

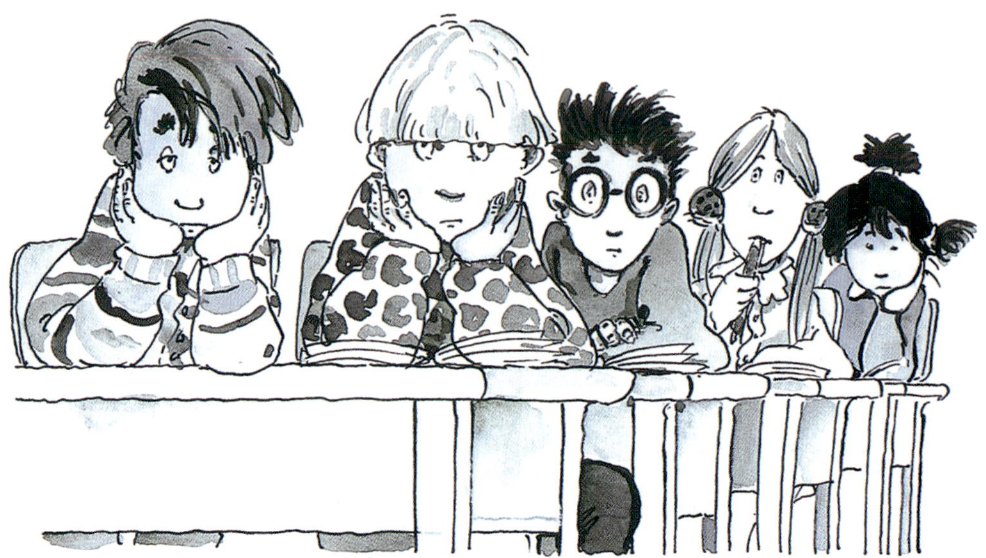

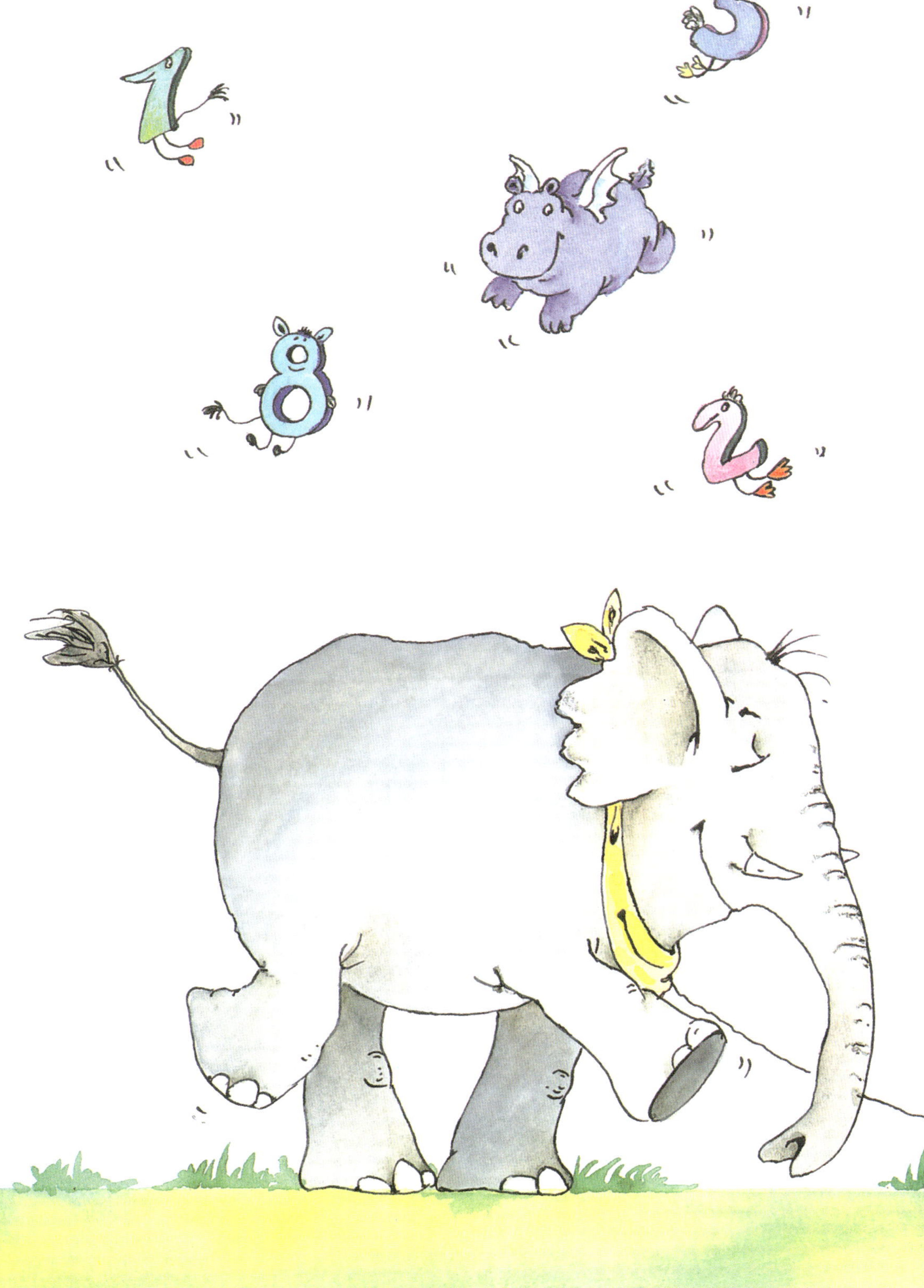

Aber kaum klingelte es,
hob der Elefant Inga
wieder durchs Fenster!

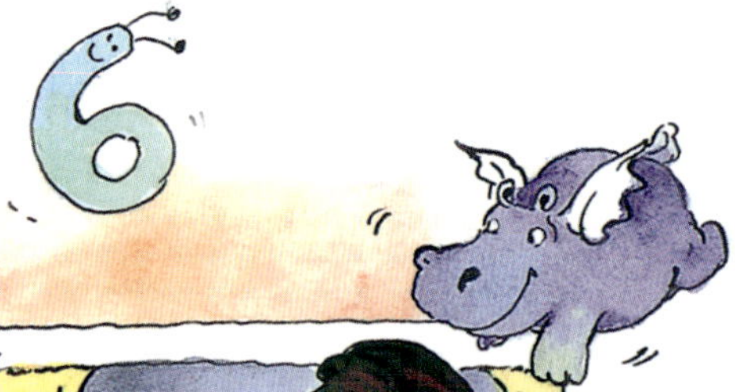

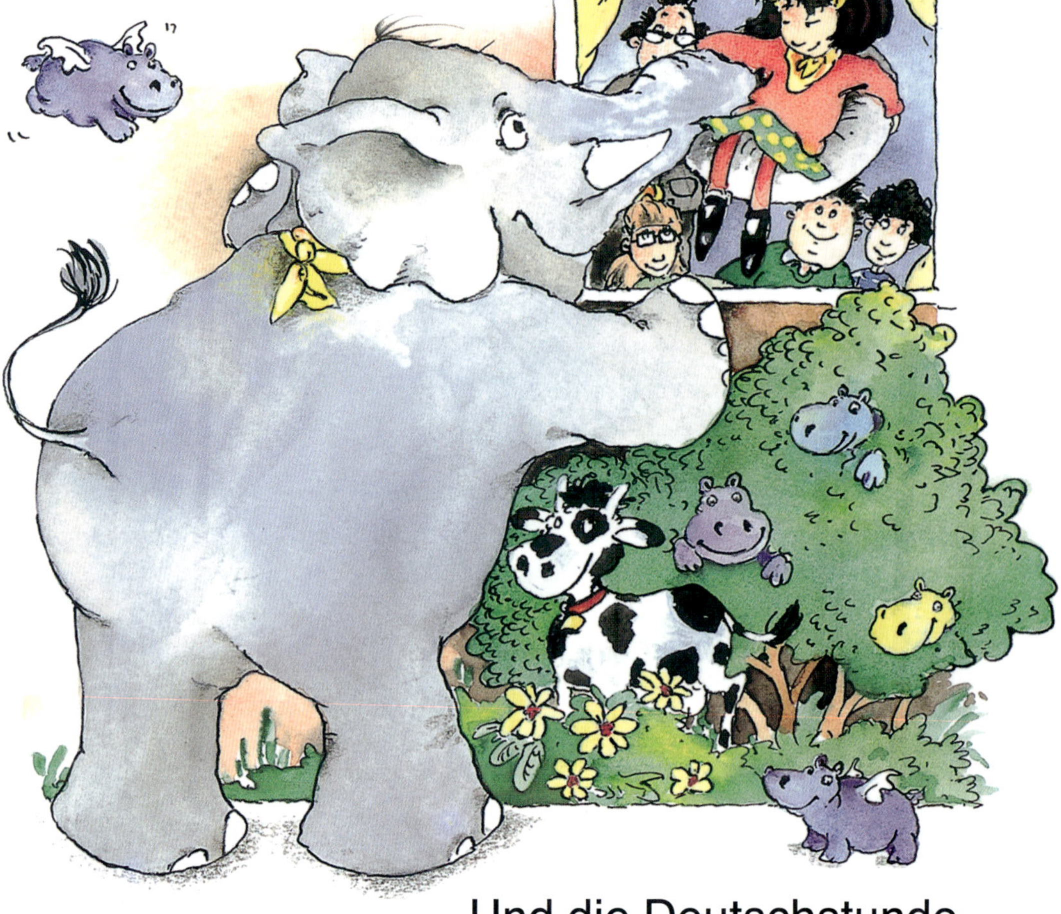

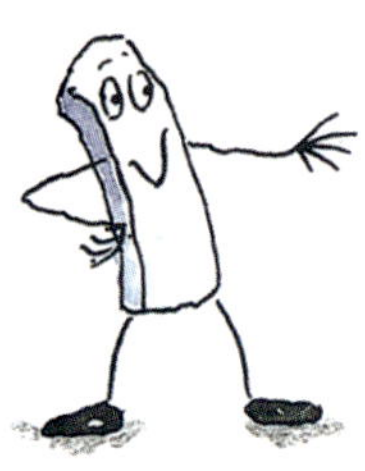

Und die Deutschstunde
wurde noch besser
als Rechnen.